[illegible], 16-IX-2002,

BOBY LAPOINTE

Intégrale

BOBY LAPOINTE

Intégrale

Préface de Jacques DURAND

EDITIONS DOMENS

L'ÉDITION ORIGINALE DE CET
OUVRAGE A ÉTÉ LIMITÉE À
25 EXEMPLAIRES SUR
INGRES MBM ARCHES
NUMÉROTÉS DE 1 À 25.

ISBN 2-910457-01-X

PRÉFACE

DE JACQUES DURAND*

Boby Lapointe : aux limites du langage

La réputation de Boby Lapointe n'est plus à faire. Longtemps connu de façon quasi confidentielle, tenu à l'écart par une bonne partie des médias, il a désormais sa place au milieu des grands de la chanson française moderne. La sortie imminente de l'intégrale de ses chansons en disques compacts chez Polygram en atteste *(Boby Lapointe en public)*. Le dixième et le vingtième anniversaire de sa mort survenue en 1972 ont été marqués par de nombreux articles dans la presse, des programmes télévisés ou radiophoniques. Il fait l'objet de deux excellents

* Titulaire de la Chaire de Linguistique et de Français à l'Université de Salford (à Manchester). Actuellement Professeur invité dans le Département d'Etudes du Monde Anglophone à l'Université de Provence (Aix-Marseille I).

ouvrages de référence (voir Huguette Long-Lapointe, 1980/1990 et Jacques Donzel, 1983). A ceux qui douteraient encore de sa renommée, notre principale recommandation sera de lire les témoignages regroupés dans Huguette Long-Lapointe (1990, pp. 199-219) ou de jeter un coup d'œil à l'ouvrage tout récent d'Alain Poulanges et Janine Marc-Pezet (1994) *Le théâtre des 3 baudets,* dont le sous-titre est révélateur : *Brassens, Brel, Devos, Gainsbourg, Gréco, Lapointe, Leclerc, C. Sauvage, Vian... au petit théâtre de Jacques Canetti.*

On peut néanmoins s'interroger sur l'opportunité d'une publication de l'intégrale de ses **textes** ? Pourquoi donc fournir au public de l'écrit pour ce qu'on pourrait considérer comme appartenant au domaine essentiellement musical ?

La réponse sera évidente pour les "inconditionnels" de Boby Lapointe, d'autant plus que le fascicule accompagnant le *Boby Lapointe en public* chez Polygram ne contient pas de transcription même partielle du texte des interprétations. C'est donc pour les autres, les sceptiques, les tièdes ou même ceux qui sont farouchement opposés à son œuvre que cette brève préface a été rédigée. Et c'est en tant que linguiste que l'éditeur Domens de Pézenas, la ville natale de Boby Lapointe, m'a fait l'honneur de me confier cette tâche.

Tout d'abord Boby Lapointe n'est pas un chanteur au sens ordinaire du terme, ni un chansonnier. Son approche se situe volontairement à la croisée de nombreux chemins. Le travail sur le langage que reflètent les chansons de Boby Lapointe font qu'il est à la fois chanteur, chansonnier, comédien, satiriste, raconteur... et, disons-le sans ambage, poète. Le lecteur trouvera dans cet ouvrage non seulement ses chansons connues, mais aussi de nombreux inédits, et quelques poèmes. Certains lui contesteront l'étiquette de "poète". C'est pour nous, utiliser le mot "poésie" de manière bien restrictive, mais nous reviendrons sur cette question plus loin. D'ici là, essayons de voir en quoi une édition intégrale s'imposait.

Pour apprécier pleinement l'œuvre de Boby Lapointe, il est essentiel de connaître le texte écrit qui sous-tend son œuvre musicale. Et cela, tout d'abord, parce que de nombreuses portions de ses "chansons" - appartés, messages au public, pseudo-répliques - sont tout simplement parlées. Mais, et c'est le plus important, parce que toutes ses interprétations jouent sur l'ambiguïté inhérente au langage et la multiplient par la distance qui sépare l'oral et l'écrit en français. Les jeux de mots, les calembours, les sous-entendus qui abondent dans son œuvre exigent une connaissance du texte écrit. Comment jouir pleinement d'une chanson aussi simple que "Le poisson fa" sans en voir la transcription orthographique ? Pour s'en tenir aux deux premiers couplets :

Il était une fois
Un poisson fa.
Il aurait pu être poisson scie
Ou raie,
Ou sole,

Ou tout simplement poisson d'eau,
Ou même un poisson un peu là,
Non, non, il était poisson fa :
Un poisson fa,
Voilà.

Tout Français modérément cultivé peut apprécier les astuces phono-graphiques que révèlent ce texte. Constatez cependant la connaissance du français qu'exigent des paroles comme les suivantes et imaginez les difficultés qu'elles poseraient à un étranger :

Dans les flots un poulet de la P.J.
Soutenait le corps beau à peau lisse
D'une belle fille qui pensait "comme 'y serre"
Et pourtant il n'était qu'inspecteur (oui)

Ce type d'exemple extrait du *Troubadour* abonde dans l'œuvre de Boby Lapointe. Ce n'est d'ailleurs pas un hasard si dans des universités à l'étranger des enseignants de français utilisent à un niveau avancé les chansons de Boby Lapointe pour aiguiser le sens esthétique et linguistique de leurs étudiants.

D'aucuns diront bien que tout cela n'a rien de bien littéraire, et encore moins de poétique. En faisant une telle réplique, ils oublient trois choses. Premièrement, peu importe l'étiquette pourvu qu'on ait l'ivresse. Cependant, il faut bien avouer qu'à l'inverse de ce que disait Descartes du sens commun, le plaisir esthétique est la chose du monde la moins partagée. Deuxièmement, Boby Lapointe lui-même fuyait les classifications - une sage attitude. Troisièmement, il ne fait aucun doute que le domaine du littéraire ou du poétique n'est pas aussi clairement séparable du discours ordinaire qu'on peut le croire. C'est bien parce que dans nos échanges linguistiques quotidiens nous sommes capables de faire rimer ou s'entrechoquer les mots, nous lançons des boutades, nous jonglons avec les sous-entendus, les non-dits, nous faisons des lapsus, nous racontons des histoires, et nous mêlons le chant et la parole, qu'ont pu naître ces objets culturels construits qu'on appelle la poésie (plus généralement la littérature) et la chanson. Penser le contraire revient à croire que, dans les sociétés où l'on communique au moyen de langues non écrites, il n'y a pas d'utilisation poétique ou "littéraire" (au sens non étymologique) du langage. Une telle croyance est erronée car, comme on le sait depuis les premiers travaux en anthropologie et en linguistique, on trouve normalement dans les sociétés à communication orale une riche tradition s'appuyant sur la parole - par exemple, contes (parfois organisés en termes de rimes ou d'allitérations), jeux de langues, joutes linguistiques, rituels sacrés ou religieux. De surcroît, la littérature française s'enorgueillit de tentatives de détournement systématique du langage ou d'exploitation ludique de son potentiel d'ambiguïté. Il suffit de songer au travail des surréalistes, à des écrivains comme Raymond Queneau, et plus près de nous au romancier Georges Perec, qui, lui aussi longtemps négligé, se voit désormais reconnu par la critique et hissé au plus haut niveau. Bien évidemment, dans la mesure où en général s'ajoute une partition musicale c'est plutôt à la tradition des Brassens, Brel et Trenet - pour s'en tenir à eux - qu'il faut situer Boby Lapointe. Mais ici aussi c'est dans les nombreux décalages entre la partition musicale et la parole que se situe l'originalité de son approche. Nous laisserons à d'autres plus qualifiés que nous de traiter de ce dernier point et continuerons à nous pencher sur ses dons linguistiques.

Il ne fait aucun doute à nos yeux que Boby Lapointe avait un talent particulier pour les jeux sur le langage. Cependant, ce talent intuitif se doublait d'une appréciation bien consciente et bien informée des complexités de la langue française. Boby se donnait souvent des allures de benêt pour interpréter ses chansons. Qu'on ne s'y laisse pas tromper. L'homme était érudit et fort intelligent. Entre autres talents, c'était un mathématicien doué, inventeur de la méthode bibibinaire (= bi-bi-binaire) reconnue en mathématiques (voir Huguette Long-Lapointe, 1990, pp. 163-196). Sur le plan linguistique, il nous régale dans l'avant-propos de cet ouvrage de quelques remarques désopilantes mais bien informées (*Avertissement au lecteur*). Lorsqu'il fait remonter l'origine du mot "orthographe" à un "conte allemand" (comprendre "comte allemand") appelé *Orto Gras* et qu'il décrit l'évolution de ce mot qui passe par la confusion entre **s** et **f**, par la transformation (bien arbitraire) de **f** en **ph** et de **t** en **th**, par l'ajout d'un **e** qui, comme il est connu de tout méridional, n'est pas prononcé à Paris dans ces mots-là, il ne décrit bien évidemment pas là l'évolution historique de l'orthographe française dans ses détails. Mais il n'est pas si loin du *compte* en démarrant avec un *conte-comte* allemand et en jouant sur les étymologies. On sait entre autres que la lettre **s** s'est longtemps écrite en position initiale d'une manière qui ressemble au **f** et le **ph** nous vient de l'influence du grec où paradoxalement il reflète une prononciation en grec ancien en [p] aspiré (et non [f] phonétique). On sait aussi que l'orthographe française (dont on parle tant sans connaître sa genèse) a évolué de façon souvent fantaisiste et contradictoire (voir Catach, 1988, 1991, Arrivé, 1993).

En effet, dès les origines de l'orthographe française, l'influence de l'étymologie (à une époque où la reconstruction historique du langage balbutiait encore), combinée à un principe de différenciation par l'écrit des formes phonétiques identiques, a donné des résultats souvent curieux. Entre le XIVe et le XVIe siècle de nombreux mots qui avaient dans les textes en vieux français une orthographe identique (reflétant une prononciation identique) ont été différenciés par scribes, copistes, imprimeurs, typographes, éditeurs, correcteurs ou grammairiens. Ainsi sont apparues les transcriptions *poids* ("lourdeur"), *pois* ("graminée"), *poix* ("mélange mou et agglutinant") là où on écrivait antérieurement *poi*. Or ces manières d'épeler étaient souvent justifiées par des étymologies aberrantes. Si *poix* venait du latin *pix* et *pois* de *pisum* (ce qui en soit ne prouvent pas que les lettres **x** et **s** s'imposaient), le mot *poids* venait de *pensum* et non de *pondus* ! De même, il fut supposé que *lais* ("ce qu'on laisse") selon son orthographe en vieux français venait de *legare* et *legatum* et on écrivit *legs* alors que l'origine en était le verbe *laisser* (lui-même à rattacher au latin *laxare* "relâcher" ce qui aurait pu donner *laix*, transcription tout aussi arbitraire). Il est également connu qu'en moyen français on trouve une même orthographe ou des vacillations pour des mots qui avaient la même prononciation comme *penser/panser* ou *compte/conte* (exemples cités par Rickard, 1974, pp 72-73) - tiens, tiens, le soit-disant benêt Boby, n'était pas si bête !

De même, quand Boby fustige l'Académie Française de la façon suivante:

"Toutes ces fantaisies contribuèrent à la prospérité de leur petite affaire qui existe encore de nos jours. Mais l'esprit d'initiative s'avère très nuancé : le gros de leur travail consistant à faire de nouvelles éditions du dictionnaire en reprenant mot à mot les définitions de leurs ancêtres sur lesquels ils ergotent jusqu'à saturation, et qu'ils finissent par recopier scrupuleusement".

le lecteur peut se dire que ces remarques iconoclastes sont faciles. Elles correspondent néanmoins à une réalité historique. Les tentatives de l'Académie Française dans le domaine lexicographique (c'est-à-dire des dictionnaires) se sont souvent soldées par de cuisants échecs. L'Académie Française créée en 1635 avait parmi ses tâches les suivantes selon l'Article 26 de ses statuts : "Il sera composé une Grammaire, une Rhétorique et une Poétique sur les observations de l'Académie". Or la première grammaire parut en 1932 et ne sembla satisfaire personne. Quant aux dictionnaires, le premier fut publié en 1694

(2 volumes) et fut beaucoup moins influent que ceux publiés par des auteurs comme Furetière et Richelet. Richelet fut l'auteur du premier dictionnaire français en 1680. Quant à Furetière, gentil membre de l'Académie Française, son *Essai d'un dictionnaire universel* en 1684 provoqua son exclusion de ladite Académie. Entre 1635 et 1932 paraissent 8 éditions du dictionnaire, soit environ deux par siècle. Au vingtième siècle, on a une édition en 1932 puis un trou jusqu'à 1986. Les éditions Julliard viennent de publier en format accessible au public environ le tiers de ces travaux (*Dictionnaire de l'Académie Française*, A-Enz, 1994). De facto, les dictionnaires qui ont fonctionné depuis belle lurette comme ouvrages de référence pour la plupart des français, même très cultivés, appartiennent à la tradition de maisons comme Larousse, Robert ou Hachette. Nous épargnerons au lecteur la démonstration que le nouveau dictionnaire n'innove en rien sur le plan des définitions et des techniques, empruntant largement aux dictionnaires existants, sinon qu'on procède à l'Académie par vote des membres pour les mots douteux. Cette procédure signifie par exemple qu'on retient "baby-foot" mais pas "baby-sitter", "badminton" mais pas "ball-trap", mots qui seront peut-être consacrés dans l'édition de 2026 !

Nous notons aussi que l'Académie, qui se veut idéologiquement neutre, ne se prive pas à l'occasion de gommer la réalité linguisque et historique. Comment peut-on en 1994 définir un mot comme "aryen" en se contentant d'en donner essentiellement le sens étymologique ? Voilà tout ce que nous dit le

Dictionnaire de l'Académie Française (1994) sur ce vocable :

"ARYEN, - ENNE adj. XIXe siècle. Emprunté de l'anglais *aryan*, terme de linguistique et d'ethnologie, lui-même tiré du sanscrit *arya*, "noble de haut rang".

1. Relatif aux peuples qui se désignent eux-mêmes par le nom *Arya* (syn. d'*Indo-iranien*). Langues aryennes ; langues indo-aryennes, parlées dans l'Inde et dérivées du sanscrit. *On évitera l'emploi abusif de ce mot au sens indo-européen. 2. Qui a rapport aux Aryens, conquérants du Nord de l'Inde à l'époque préhistorique. La mythologie aryenne. Les castes aryennes. Subst. Un Aryen, une Aryenne".

De l'utilisation fasciste de ce terme, le *Dictionnaire de l'Académie* ne dit pas un traître mot. Consultons le modeste *Petit Larousse Illustré* (édition 1992). Il nous donne un premier sens "historique" ("relatif aux Aryens", mot défini dans les noms propres) qu'il complète par un deuxième sens :

2. "Relatif à la "race" blanche "pure" dans les doctrines racistes d'inspiration nazie.

Ce sens correspond à une phase historique si connue de nos compatriotes qu'on peut s'interroger sur la nature de "l'oubli" dans le *Dictionnaire de l'Académie.* Boby Lapointe, prisonnier des Allemands (qui n'étaient pas tous des Nazis comme nous le rappelle judicieusement Huguette Long-Lapointe, 1990, pp 61-62) puis évadé, ne porte pas sur certains aspects de l'Académie Française un jugement aussi facile qu'on pourrait le croire à première vue.

Bien évidemment, le lecteur nous dira que nous sommes loin des chansons de Boby Lapointe. C'est vrai, mais en partie seulement. Pour bien comprendre et apprendre à aimer ses chansons, il est utile de savoir que Boby Lapointe avait des intuitions géniales et était hors du commun. L'auteur de ces lignes n'est pas un "inconditionnel" de Boby. Tout un chacun peut trouver des chansons qui le laissent indifférent ou s'irriter de certaines astuces ou techniques utilisées par ce dernier. Il n'en demeure pas moins qu'il y a trop de chansons à la fois amusantes et profondes (avec un brin de trivialité et son complément de pudeur), pour qu'on pardonne à Boby Lapointe ses efforts moins réussis. Comme toute œuvre, la sienne est inégale encore qu'il serait intéressant de savoir quelles sont, parmi ses chansons les moins réussies, celles qui ont été réalisées sous pression commerciale. (Et oui, Boby Lapointe aussi devait gagner son pain quotidien !) De toute manière, comme l'aurait dit Boby Lapointe avec un souçon de provocation : "Comprend qui peut, comprend qui veut".

Au lecteur impatient de savourer ses œuvres complètes, je ne puis que recommander ces textes et bien sûr les disques compacts qui vont paraître chez Polygram. Qu'on ne s'étonne pas de certains écarts entre les textes écrits ici et les versions en public contenant des improvisations et errata. Cet écart existe toujours entre une partition ou un poème et son exécution. On nous excusera de ne pas poursuivre nos réflexions linguistiques sur Boby Lapointe. Beaucoup a déjà été écrit. Huguette Long-Lapointe nous a offert une fascinante et originale présentation de son frère Boby. Une thèse de doctorat lui est également consacrée (voir Rydalevsky, 1984). Au lecteur de se confronter à son œuvre et merci aux éditions Domens d'être fidèles au chanteur de Pézenas qui nous a quitté bien tôt mais qui, en même temps, nous a légué tant de choses.

Pézenas-Manchester, septembre 1994.

Références bibliographiques

Arrivé, Michel (1993) *Réformer l'orthographe.* Paris : Presses Universitaires de France.

Catach, Nina (1988) *L'orthographe.* Paris : Presses Universitaires de France. Troisième édition.

Catach, Nina (1991) *L'orthographe en débat.* Paris : Nathan.

Dictionnaire de l'Académie Française A-Enz (1994). Paris : Editions Julliard.

Donzel, Jacques (1983) *Boby Lapointe.* Paris : Seghers. Collection Poésie et Chansons (ouvrage épuisé).

Long-Lapointe, Huguette (1980/1990) *Boby Lapointe.* Première et deuxième éditions (épuisées), 1980 et 1983, Paris : Editions Jullian et Encre. Réédité 1990, Pézenas : Editions Domens. (Toutes les références dans cette préface sont tirées de la version révisée en 1990 de cet ouvrage).

Petit Larousse Illustré (1992) Paris : Editions Larousse.

Rickard, Peter (1974) *A History of the French Language.* Londres : Editions Hutchinson.

Rydalevsky, Daniel (1984) *Etudes de calembour et de quelques procédés verbo-ludiques à travers l'œuvre de Boby Lapointe.* Thèse de doctorat de troisième cycle, inédite. Université de Nice.

Chansons
Poèmes
Inédits

AVANT PROPOS DE L'AUTEUR

AVERTISSEMENT AU LECTEUR

Si cet ouvrage devient pour l'un de vous, (permettez même que je dise "l'un de toi") la clef de la fortune, ce n'est que pure coïncidence et ça n'engage nullement ma responsabilité.

A l'heure où j'écris ces lignes, j'ai encore dans l'oreille deux chansons bien émouvantes sur de malheureux esclaves de leur réussite matérielle qui "rient avec leur dentier, mais qui pleurent avec leur cœur" (avec leurs oreilles, je ne sais pas ce qu'ils savent faire)... je veux bien, si ce n'est déjà fait, que nous ayons, moi-comme toi, ce genre de soucis d'argent, mais, ce que je ne veux absolument pas c'est que, si jamais ça t'arrive, tu m'en tiennes pour responsable et me réclames un "Précium Doloris". Surtout qu'à ce moment-là, moyennant tes moyens, tes procès seront gagnés d'avance.

Non, cet ouvrage n'est pas la recette pour faire un tube. Car si j'avais cette recette je me la garderais précieusement pour moi tout seul, les amis, les copains et leurs amis... mais personne d'autre. Et je me garderais bien de la publier.

Parce que, entre nous vraiment, si tout le monde gagnait tout le pognon qu'il veut, où irions-nous ? Les ex-prolos se jeteraient sur le caviar et les bateaux de plaisance. Par contre-coup, les snobs se précipiteraient sur les patates et le métro... qui atteindraient des prix exhorbitants... Ce serait le magma, le chaos... la merde ; quoi !

Et d'ailleurs, moi, les tubes, ça n'est pas ma spécialité.

Je veux seulement essayer de convertir à une cuisine qui me réjouit en te décortiquant la recette de ma spécialité :

Les chansons farcies

Quelqu'un
N'aimez-vous point l'argent ?
Moi
Si !
Le quelqu'un
N'aimez-vous pas faire des tubes ?
Moi
Si
Le quelqu'un
Des chansons plus intelligibles que les votres ?
Moi
Si
Lui
Moins far- ...
Moi
...cies
Lui
... felues, plus simples, faciles à retenir
Moi
Si
Lui

Je n'entends point l'espagnol, parlez-vous une autre langue ?

Moi

Si

Lui

Alors expliquez-moi donc pourquoi vous vous obstinez à faire des chansons si farcies ?

Moi

Si mes chansons sont si farcies
C'est que j'ai plaisir à farcir
Et ne sais pas ne pas farcir...
je vais vous montrer pourquoi...

Imaginons, par exemple, qu'un jour je sois triste :

J'éprouve un grand sentiment de tristesse parce que la femme que j'aime est triste parce que j'ai cru qu'elle avait cru que j'avais cru que je ne l'aimais plus parce qu'elle ne m'aimait plus, alors qu'en réalité elle m'aime parce que je l'aime...

Ou, pour être plus précis, exactement le contraire.

Voilà, peut-on dire, un thème simple et émouvant pour une belle chanson triste. Donc ; en pleine possession du sujet, et mes larmes étant taries (la femme d'oncle Harry)... j'éponge le bureau, ... du papier, un crayon, et j'écris l'idée du refrain :

Je suis triste, parce que tu es triste
Et tu es triste parce que je suis triste
Et c'est bien triste...

C'est l'expression stricte de la vérité... et déjà ça rime... Holà ! me dis-je ça rime, d'accord, il y a deux syllabes absolument identiques, mais il y a là une ficelle que tout le monde va remarquer : "je me suis servi du même mot"... Ça se fait pas mal en ce moment mais, raison de plus pour l'éviter ! on croirait que c'est du plagiat. D'ailleurs le mot "triste" ne fait pas image. Il me faut une image. Voyons un peu : que fait ma femme quand elle est triste. Elle va au lit... mais ça c'est pas bon. Si je remplace "triste" par "je vais au lit, parce que tu vas au lit"... etc., personne ne croira que c'est une chanson triste.

Nous allons dire qu'elle boude, "Bouder" évoque la petite moue d'un visage "Bardotien" (1) avec un brin de familiarité qui a quelque chose d'émouvant.

J'ai même trouvé une rime assez gentille :

Tu me boudes
Mon petit bout de chou

Tiens, j'ai même plus amusant :

Tu me boudes, hein ?
Mon petit boudin

Oui mais là, c'est pas flatteur pour elle. Une idée : si je remplaçais "me" par "le", et petit par gros... (ce qui serait assez flatteur pour moi).

Tu le boudes, hein ?
Mon gros...

... et me voilà sorti du sujet, et parti pour une chanson dans laquelle se trouvent, si pudiquement cachées les émotions qui me l'ont inspirée, que je n'aurais pas à craindre que qui que ce soit les découvre. Car, je vais vous avouer une chose : je n'ai peut-être jamais honte de montrer mon cul, mais question sentiment... je suis un grand pudique.

La plus osée déclaration d'amour que je puisse faire, je l'emprunte à Stan Laurel :

"Si tu m'aimais comme je t'aime
Tu m'aimerais plus qu'un chou à la crème"

En conclusion de cet avertissement :

J'ai un penchant naturel pour les mots et leur côté farce. J'en ai acquis une certaine technique, et ne sais m'empêcher de mettre cette farce à toutes les sauces.

Ce n'est pas un métier, mais... ça sert d'os, et, pour moi c'est le squelette de toute expression du comique.

Tout ce qui est passion se multiplie en se partageant (comme le pain dans les noces de canaques).

Tous les passionnés (mystiques, drogués, homosexuels) aspirent à convertir le prose élite à leur passion.

Il en va de même pour moi, qui souhaite que ma manie devienne le vice adoptif de ceux qui en sont dépourvus.

C'est à cette seule intention que je veux ici enseigner tout ce que je connais sur les diverses techniques des divers : *Jeux de Mots*.

1ère leçon : la faute d'ortographe

L'alphabet contient en tout deux douzaines de lettres, si l'on compte comme les écaillers dans leurs bons jours.

Avec ces mots, on peut faire un nombre impressionnant de syllabes. Avec ces syllabes, un nombre impressionnant de mots et avec ces mots un nombre impressionnant de fautes d'orthographe.

Au stade actuel de notre civilisation, rares sont les gens qui ne savent pas faire de fautes d'orthographe.

Ce sera tout de même le sujet de notre première leçon.

Il me paraîtrait ridicule de commencer à un niveau plus bas : je croirais faire injure au lecteur, si je n'admettais pas qu'il sache déjà, que l'on émet des sons avec la bouche, pour parler.

Donc, comme je viens de vous l'apprendre : pour parler, nous faisons des bruits avec la bouche... Pour écrire, on aurait pu faire correspondre une consonne à chaque son "consonne", et une voyelle à chaque son "voyelle" ! Mais là... ça aurait vraiment manqué de fantaisie.

Si mes souvenirs sont exacts nos ancêtres en étaient à ce stade primitif de l'écriture, quand un conte allemand, qui était venu en France, chercher une occupation quelconque, décida de changer tout ça.

Il s'appelait Orto Graf, et il était très vexé parce qu'à cette époque, en France, ce qui s'écrivait "f" se prononçait "s". On l'appelait donc Orto Gras, ce qu'il prenait pour une allusion à sa rondeur... d'autant plus qu'il y avait un notable du coin qui s'appellait Ortomégre, et qui était justement d'un type filiforme. C'est pourquoi Orto Graf pondit le fameux décret qui décidait que les "p" suivis de "h" font "feu", et qu'à par ça toutes les autres consonnes pouvaient être suivies d'un "h" sans que cela leur porte préjudice, et que de plus on pouvait se mettre des "e" ou on voulait, même à la fin d'un mot, et qu'il y avait d'autant moins d'inconvénient à cela que tous les paresseux de la région qu'il occupait (Le nord de la Loire) ne se donnerait jamais la peine de prononcer ses "e" dits muets.

En foi de quoi il signa :

Orthographe

Nom dont la prononciation n'évoquait plus sa rondeur, et qui de plus comportait plus de lettres que celui du notable Ortomégre... ce qui réhaussa son prestige. Ortomégre était très vexé, mais il sut se rattraper le jour où Orthographe dut retourner chez lui : il décida que son nom s'écrirait Eaurthaumaigre.

C'était vraiment n'importe quoi ! et on dû nommer des spécialistes pour fabriquer des lois légitiment ce genre de choses, c'étaient quarante braves grands-pères qui décidèrent servilement que "O" pourrait, selon les circonstances, s'écrire : au, hau, eau, ho, oh et même "o". C'est alors que l'un d'eux, plus poivré que les autres essayat d'expliquer : "la recette des œufs à la coque" en bafouillant "Si je mets mon petit "neu" dans l'eau, ça me fait un neu..." "Et mon œil" interrompit un autre. Le secrétaire notant tout ça, interprétait à sa façon, et c'est de là que naquit la mode des "e" dans l'"o" pour : œufs, œil, nœud, etc, etc.

Une autre fois l'un d'eux dit comme ça : "Les poules couvent dans le couvent en écoutant mon chant dans mon champ" et demanda comment cela devait s'écrire. Après de mûres discussions, ils décidèrent que du moment que "couvent" (les poules) et "couvent" (les moines) se prononçaient différemment, il serait amusant de les écrire exactement pareil, et que par contre "chant" et "champ" ayant la même prononciation devaient s'écrire différemment à cause des mouches. Ensuite ils jouèrent à "l'exception confirme la règle". Et tout ça fini par faire beaucoup d'écriture. Ils en firent un "recueil" (sans "e" dans l'"o" pour des raisons d'économies, un "o" en moins avec un "eil" près du "cu" pour faire le tour de la question). Ils l'appelèrent "Grammaire" en hommage à la femme du plus âgé des 40, qui leur apportait un petit goûter tous les jours, à leur récréation de 4 heures. Celle-ci leur fit savoir que s'étant refusée à un Anglais qui lui proposait trois livres (de beurre) et six pinces à sucre, s'il suffisait maintenant d'un seul livre pour la personnifier, elle en était "déchue", "déçue", et n'hésita pas à enlever la cédille pour leur dire ce qu'elle pensait d'eux. Pour la consoler ils lui donnèrent la haute main sur les affaires de son village et lui permirent de s'appeller comme elle voudrait. Elle se fit graver des cartes de visite au nom de "Grand'Maire". Quand aux quarante, vu leur grand âge, il décidèrent de s'appeller "Les Zigs Mortels". Impertublablement, le secrétaire transcrivait comme il voulait l'entendre. Mais la gomme étant leur friandise préférée, ils n'allaient pas en gaspiller pour s'y peu, et ils consentirent à s'appeller :

"Les Immortels"

D'ailleurs le peuple leur avait déjà trouvé un nom plus académique. Voici comment : à cette époque-là, les hommes mettaient leurs bijoux de famille dans un petit sac accroché à leur ceinture. Voulant se distinguer du commun des mortels, les "immortels" arboraient des sacs mi-parties, sacs dont les deux parties différaient d'autant plus que l'une d'elles n'existait pas. Le peuple appelat ces parures des "sacs à demi" et ceux qui les portaient des "Sacs à demiciens".

Les quarantes avaient toujours le même secrétaire quand ils admirent ce vocable. Ils étaient d'ailleurs très contents de lui qui, empilant les mots comme un "silo" travaillait comme un "négre". Ils l'appelèrent donc le Silo-Négre, et décidèrent de confectionner un nouveau livre qui, en hommage, porterait le nom dudit silo-négre.

Toujours imperturbable celui-çi titra : "Dictionnaire".

Toutes ces fantaisies contribuèrent à la prospérité de leur petite affaire qui existe encore de nos jours. Mais l'esprit d'initiative s'avère trés nuancé : le gros de leur travail consistant à faire de nouvelles éditions du dictionnaire en reprenant mot à mot les définitions de leurs ancêtres sur lesquelles ils ergotent jusqu'a saturation, et qu'ils finissent par recopier scrupuleusement. [2].

En résumé de cette première leçon :

Si la plupart des gens font des fautes d'ortographe, ce n'est pas parce que leur grammaire n' a pas ses règles, mais parce qu'ils en font fi [3] ainsi que du dictionnaire.

Puisqu'il suffit d'ignorer le dictionnaire et les fantaisies de la grammaire pour faire de telles fautes d'orthographe, la confection de ces dernières ne mérite pas plus d'explication. Et ce ne sont que des...

Fautes d'orthographe involontaires.

Exercisse : Ecrivez dix mots difficiles.

Corrigé : Prenez un dictionnaire. Cherchez y chaque mot tel que vous l'avez orthographié.

Si vous l'y trouvez : raté : 0.

S'il n'y est pas : gagné : 1 point.

Si vous n'atteignez pas 8/10 au deuxième essai, n'insistez pas. Vous faites une hyperthrophie du scrupule qui vous rend allergique à l'humour.

2e Leçon : La faute d'orthographe consciente

La faute d'orthographe involontaire ne peut faire rire que les titulaires du Brevet Elémentaire, et à la rigueur l'élite intellectuelle qui sait rire au second degré. Ce ne sont là que deux faibles portions des humains francophones et dézireuderires.

Mais ici quelques remarques s'imposent.

Le rire est un sujet très vaste et l'objet de cet ouvrage n'est pas d'en étudier tous les facteurs.

A priori en sont exclus tous facteurs physiques, même, et surtout la chatouille. Je suppose que vous comprenez pourquoi. Nul ne peut concevoir un éditeur allant chatouiller de ma part un directeur de messagerie qui ferait à son tour de grosses chatouilles à ses grossistes qui distribueraient des petites chatouilles à leurs détaillants qui attendraient le client désireux d'acheter une mienne chatouille. D'abord, ça serait de la tromperie, car, arrivé à ce point ce ne serait plus vraiment mes chatouilles. Le client, qui n'est point si sot qu'on le dit le verrait bien. A la rigueur, il se laisserait peut-être volontiers duper par quelque charmante dépositaire (A l'aéroport d'Orly, il y en a une... mais, ça ne vous regarde pas). Cependant la plupart des kiosques à journaux seraient forcés de rendre les chatouilles invendues qui... bref ! les messageries seraient inondées de gros bouillons de chatouilles, et il se trouverait bien quelqu'un d'assez chatouilleux pour me reprocher tout le temps perdu en chatouilles par une corporation laborieuse, et m'enjoindre de conserver à l'avenir mes chatouilles pour moi. Ce qui est parfaitement grotesque , car je n'arrive pas à me faire rire en me chatouillant moi-même. Outre ces facteurs physiques, nous éliminerons aussi certains facteurs spirituels. A commencer par celui qui m'apporte les "recommandés" à une heure ou je ne suis pas assez réveillé pour apprécier ses plaisanteries.

Les gags visuels n'entrent pas non plus dans le cadre du langage. Ni même aucun bruitage humoristique, du pet grave d'un archevéque à la plainte aigue de la viole qu'on mouche, sans oublier celle de la mouche qu'on viole, de la mioche qui vole, de la vache qui miaule, de la moule qui pioche et du glas double du chef.

Pour en revenir à la faute d'orthographe involontaire, nous disions qu'elle avait un pouvoir hilarant trés limité. Ne nous désolons pas pour si peu, mais, ne nous arrêtons pas pour si peu à ce stade, ma colombe. Apprenons maintenant la faute consciente.

Celui qui a triché dans l'exercice de la première leçon la connaît déjà, et mérite un bon poing.

Le raffinement consiste à remplacer le mot que l'on va écrire par un homme au faune, tel que cet exemple t'y pique :

Charles Quint, qui est né à Gand, y habitait encore (chez Mr et Mme Quint, ses parents) quand il reçut une missive qui se terminait ainsi : "transmettez mes hommages à votre maire, sans oublier votre père de

Gand." Et notre petit quin-quint s'en gaudit fort. "Ah ! s'écria-t-il en vers (car c'était l'été, et il prenait ses bains à Anvers et contre tous) la plaisante chose que d'omettre un accent grave sur le a, tout juste après un mot aussi cérémonieux que "Hommages".

En résumé le raffinement, dans la faute d'orthographe consciente, consiste à écrire sans faute des "homme au faux nids".

Exercice : Voici quelques passages d'une dictée, suivis de la copie du malicieux éléve Toto. Completez cette dictée en remplissant les espaces laissés en blanc, de façon la plus convenable.

Texte de la dictée

"La mansarde sous les toits est à Sir John qui l'habitait, comme il sied, dans ce confort douillet. Quelle qu'eut été sa vie...

..."

"Et Danley partit comme il était venu."

Copie de l'éléve Toto

L'amant Sarde saoulait toi et ta sœur jaune qu'il a bitté. Comme il sciait ! dans ce con fort douillet ! Quel cul tétait sa vis !

Et dans les parties, comme il était velu !

3e Leçon : L'a peu près

La dictée du dernier exercice se termine par ces mots : "comme il était venu", que Toto écrit : "comme il était velu". On appelle cela : "lape-pré"... "Lape" indiquant que c'est par le truchement de la langue que l'on obtient des images telles que : "velu", "air bu", "poêle occulte" qui évoquent la fertilité des "prés". D'où l'expression "Lape pré".

Remarque : ce n'est pas parce que "velu" et "poids lu" sont des "lape-pré" qu'il faut généraliser à tout ce qui concerne le système pileux.

Exemple : un coiffeur vous coupe les cheveux, vous lui dites "laissez-m'en". Ce n'est pas un "lape-pré", c'est une boutade. (Comment avez-vous pu la faire ? nous n'en sommes pas encore là.) Le coiffeur vous répond : "Six cheveux !". Là c'est nettement un "lape-pré" qui fait rire. Mais s'il ne vous réponds pas, non seulement ce n'est pas un "lape-pré", mais ce n'est certainement pas un coiffeur. Car un coiffeur doit parler, sinon "il ne serait pas coiffair d'autres". Ça aussi c'est un lape-pré (tiré par les cheveux). Nous avons donc dit que les lape-pré ne concernaient pas tous le système pileux. Par exemple, une comtesse délaissée par son mari, peut dire à son amant qui la console : "Je suis une léchée pour compte", ce sera un lape-pré, même si elle est chauve et lisse. Si elle hésite un moment avant d'ajouter "Na", c'est un "Na" peu pret. Si son amant est un richissime petit vieux bien propre, c'est un "nabah propret"... Je pense que vous avez compris. Comme moi non plus, pour cette fois il n'y aura pas d'exercice.

4e Leçon : Le Calembour

"Le calembour est la fiente de l'esprit qui vole" à dit Victor Hugo (et il s'y connaissait, le bougre).

N'allez donc pas croire que, connaissant les trois premières leçons vous allez pouvoir faire des calembours comme Kiss à muses ou même comme Kissa m'use.

1 - Il vous faut un esprit. Si vous n'en avez pas, procurez-vous en un.

2 - Apprenez-lui à fienter, soit en lui donnant des laxatifs, soit en choisissant un programme télé qui fasse fienter.

3 - Apprenez-lui à voler, en le faisant fienter jusqu'à ce qu'il vole.

4 - Apprenez-lui à fienter en volant en le faisant voler jusqu'à ce qu'il fiente.

5 - Apprenez-lui à suivre le vol de ce bestiau, avec un récipient et à recueillir la fiente au vol.

6 - Etalez le dit calembour sur un papier que vous envoyez à l'almanach Vermot.

S'ils avaient déjà publié celui-ci :

c'est que : c'est un calembour qui a fait rire ;

S'ils le republient :

c'est que : c'est un calembour qui fera toujours rire ;

Sinon, c'est un bon calembour, or, ce qui fait rire ce sont les mauvais calembours.

Exercice : Lire attentivement l'exemple de calembour de votre dictionnaire quelque soit l'édition, ce doit être : "Des valeurs à lots - Des valeurs à l'eau". Essayez-le sur vos amis.

Est-ce un bon calembour ?...
Résumez vos impressions en un mot.

(1) Bardotien : se prononce Bar-do-tien ou Bar-do-sien, selon celui à qui l'on parle et les nouvelles du jour.

(2) Note de l'éditrice (') : Pourquoi l'auteur s'est-il départi de toute rigidité didactique, et pourquoi cet érudit menteur noit-il son cours pratique dans l'étalage de connaissances historiques ?, pourrait se demander le lecteur avisé. J'ai donc posé moi-même la question à l'auteur qui m'a répondu : "Parce que."... mais j'ai l'intime conviction qu'il ne m'a pas dit là tout le fond de sa pensée, et qu'il existe en réalité une raison plus troublante, qui estla suivante : C'est inopiné.

(') Note de l'EDF : la note de l'éditrice était, avec la note du gaz pour faire le total de la somme portée sur la chemise avec cravate à poids nets.

(3) C'est cela même dont Napoléon, écrivant à Joséphine fit fi...
(illustre exemple)

ANDRÉA C'EST TOI

Paroles et musique de Boby Lapointe

Tenor-Boby
Andréa c'est toi l'amante la plus belle
Veux-tu m'aimer, dis, à m'aimer, consens va !
    - *Qu'est-ce qu'y dit ?*
Ah ! qu'as-tu fait
    - *Quoi*
de moi cruelle
    - *Mais qu'est-ce qu'y dit ?*
Ecoute-la ma ritournelle
    - *Qu'est-ce que tu dis ? répète un peu*
Andréa c'est toi
    - *Entre et assieds-toi, Bon allez*
l'mante la plus belle
    je m'assois. Mate la plus belle... je mate
Veux-tu m'aimer ?
    - *Veux-tu mémé ? non j'en veux pas*
dis, à m'aimer, consens va !
    dis, de ta mémé. Dis a mémé qu'on s'en va ?
    Oh dis lui toi-même
    c'est pas mes oignons ! c'est pas à moi à lui dire...
    à mémé qu'on s'en va.
Ah ! qu'as-tu fais de moi cruelle
    - *Ma querelle ? ta querelle, c'est toi qui*

cherches querelle ! moi j'ai jamais cherché querelle !

Ecoute-la

- Au coutelas ? Ah ! ben tu y vas fort hein !

ma ritournelle

- Tu m'as retourné le quoi ? Au coutelas tu m'as retourné le...

attends j'ai compris, répète un peu

Andréa c'est toi

- Entre et assieds-toi. Oui ça j'avais compris

toi l'amante la

- Toile à matelas

plus belle

- Monte la poubelle ! moi jamais !

Veux-tu m'aimer

- Non je veux pas t'aider... je veux pas t'aider à monter la poubelle

dis à m'aimer, consens va !

- Qu'on sent, qu'est-ce qu'on sent ? j'ai pas compris. On s'en quoi ?

Ah ! qu'as-tu fait

- Caca truffé Oh ben non non !

de moi cruelle

- Caca truffé dans ma truelle ? caca truffé dans ta truelle ?

Oh ben c'est sale ça c'est pas propre

Ecoute-la

- Egoutte-la toi-même hein moi j'y touche pas

ma ritournelle

- D'ailleurs maintenant j'ai compris tout le truc. J'ai compris toute la chanson. Je vais la chanter avec toi. Allez !

Andréa c'est toi

- Entre et assieds-toi là
Toile à matelas

L'amante la plus belle

- Mate la plus belle
Monte la poubelle
Belle belle belle

Veux-tu m'aimer

- Belle veux-tu mé mé
Belle veux-tu méé
Le veux-tu mémé dis ?
- Veux-tu ma mémé dis.
Mais dis a mémé mais,
dis à m'aimer.
Mais dis à mémé con,

consens

Dis à mémé qu'on sent,

va !

Ah dis mec on s'en va
Dis mec on s'en va...

Ah qu'as-tu fait de moi cruelle

- Ah non ! caca truffé encore ! ah non, non,

Ecoute-la ma ritournelle

c'est trop ! c'est... c'est pas bien, c'est pas propre comme ça. Là y en a assez
Elle est idiote, d'ailleurs, ta chanson...

Allez ! non ! maintenant on arrête !
Non maintenant y'en a assez !
Marie tournez le disque
Maintenant y'en a assez
Non maintenant y'en a assez
Absolument ASSEZ.
Assez !!!

ARAGON ET CASTILLE

Paroles de Boby Lapointe
Musique d'Etienne Lorin et Boby Lapointe

Refrain :
Au pays da-ga d'Aragon
Il y'avait tu gud'une fill'
Qui aimait les glac's au citron
Et vanille
Au pays de-gue de Castill'
Il y'avait te-gue d'un garçon
Qui vendait des glaces vanill'
Et citron

Moi j'aime mieux les glac's au chocolat
Poil aux bras
Mais chez mon pâtissier il n'y en a plus c'est vendu
C'est pourquoi je n'en ai pas pris
Tant pis pour lui
Et j'ai mangé pour tout dessert du camenbert
Le camenbert c'est bon quand c'est bien fait
Viv' l'amour
A ce propos rev'nons à nos moutons

Au refrain

Vendre des glac's c'est un très bon métier
Poil aux pieds
C'est beaucoup mieux que marchand de mouron
Patapon
Marchand d'mouron c'est pas marrant
J'ai un parent
Qui en vendait pour les oiseaux
Mais les oiseaux
N'en achetaient pas, ils préféraient l'crottin
De mouton
A ce propos rev'nons à nos agneaux.

Au refrain
Mais la Castill' ça n'est pas l'Aragon
Ah ! mais non
Et l'Aragon ça n'est pas la Castille
Et la fill'
S'est passée de glac's au citron
Avec vanille
Et le garçon n'a rien vendu
Tout a fondu
Dans un commerc' c'est moch' quand le fonds fond
Poil aux pieds
A propos d'pieds, chantons jusqu'à demain.

Au refrain

AUBADE À LYDIE EN DO

Paroles et musique de Boby Lapointe

Sûr ! faut que je chante
Mon aubade à Lydie :
"O ma Lydie tu hantes
Mes rudes rêv' au lit
Dis ! Tu me séduis en te
Riant de mes ridicules
Et vaines tentatives de conciliation
Avec tes tantes hâtives à te marier
Avec un marchand de Tapis né à Tunis"

Ainsi chantait un italien Pisan
Contre les murs d'un palais de Florence,
Car ce palais abritait justement
La fleur d'amour qui le mettait en transes,
Napolitaine aux yeux de firmament,
Maman m'a dit que c'était plutôt rare......
Ben si c'est rar' j'aime mieux les yeux rares
De Lydia que l'curare
De Lucrec' Borgia

Refrain

V'là qu'il a dit : "O ma Ladie" deux fois
Mais sa Ladie est sourde à ces salades
"Dors ange" se dit-elle en entrant sous son toit

Au p'tit matin après une escapade
Elle se dévêt en dansant avec grâce
Sans remarquer qu'un vieux voyeur en face...
Fait "glot-glot" avec sa glotte
Qui tressaut'
Lorsque saut' la culotte
Que Lydie ôte

Refrain

Les tant' entendant tant d'anomalies
Lui disent : "Vilain menteur tu nous salis"
C'est vrai que c'est faux d'croire qu'les tant' acculent
Leur nièce à cette union ridicule

Qui donc lui a mis cette idée en tête
Ne serait-c' point le marchand de carpette ?...
Si ! c'est ici qu'le sadique Sidi
Lui dit qu'il a dit si
Et Lydie aussi

BOBO LÉON

Paroles et musique de Boby Lapointe

Il a du bobo Léon
Il porte un bandeau Léon
Il a du bobo Léon
Oh, pauvre Léon

D'abord il n's'appel' pas Léon
Mais j'ne me souviens plus de son nom
J'peux pourtant pas l'app'ler Hortense
Et puis ça n'a pas d'importance

Il a du bobo Léon
Il va p't'êt' canner Léon
Il a du bobo Léon
Oh, pauvre Léon

On l'a mené à l 'hôpital
Pour le saigner où il avait mal
Il s'était fait mal dans la rue
Mais on l'a soigné autre part

Et il est mort !...

BOUDERIE

Inédit de Boby Lapointe

En allez-vous en, Madame,
En allez-vous en,
J'ai assez de vague à l'âme
Et j'ai un peu trop mal aux dents.

D'ailleurs vous êtes péronnelle,
Et vous me faites mal au sein :
Vous m'offrez de la mortadelle,
Moi, je préfère le boudin.

En allez-vous en, Madame
En allez-vous en,
Vague à l'âme,
Mal aux dents.

ÇA VA... ÇA VIENT...

Paroles et musique de Boby Lapointe

T'es plus jolie que jamais
Sauf le cœur
Ton cœur n'a plus la chaleur
Que j'aimais
Il bat au rythme du fric
Il vit à l'ombre des flics
Il ne dit plus aux copains

Ca va ça vient

Toutes ses bontés passées
Ses exploits
Il compte comme un huissier
Qu'on lui doit
Ton cœur n'a plus la chaleur
Que j'aimais

T'es plus jolie que jamais
Sauf le cœur
La nuit que je t'ai connue
T'étais nue
Tu jouais les affranchies
Sans chichi
Mais t'avais quand tu guettais
Le pauv' con qui te quittait

Le regard noyé d'un chien

Ça va ça vient

J'ai dit pour te consoler
Des conn'ries
T'as frotté ton petit nez
Et t'as ri
Tu jouais les affranchies
Sans chichi
La nuit que je t'ai connue
T'étais nue

T'aimais pas un sou vaillant
Sauf ton corps
Mais ton corps c'était payant
Un trésor
Un trésor que tu donnais
Comme on vid' son port' monnaie
Dans la main d'un plus paumé

Ça va ça vient

Depuis tout c'qu'on s'est donné
De bonheur
Pour s'dire on se r'tenait
La pudeur
Mais ton corps c'était payant
Un trésor
T'aimais pas un sou vaillant
Sauf ton corps

T'es plus jolie que jamais
Sauf le cœur
Ton cœur n'a plus la chaleur
Que j'aimais
Il bat au rythme du fric
Il vit à l'ombre des flics
Il ne dit plus aux copains

Ça va ça vient

Si tu l'laissais réchapper
Du frigo
Je saurais le rattraper
Tout de go
Mêm' s'il n'a plus la chaleur
Que j'aimais
T'es plus jolie que jamais
Sauf le cœur.

CHAMBRE MEUBLÉE

Inédit de Boby Lapointe

Mon voisin Monsieur Sanchez a une chambre nue et rose, la mienne est bleue mais me plaît. Car je ne suis pas Sanchez, j'en ai une. Elle a même un dossier ; dossier spécialement étudié par un certain commissaire dit "visionnaire" parce qu'il avait des visions.

Autour de ma chambre, il y a 4 murs et 4 coins. Aussi bien des coins que des murs, s'il y en avait davantage, j'en ferais de la confiture. Mais pour si peu, cela ne vaut pas la peine. D'ailleurs où la mettrai-je moi, la confiture, moi qui ait toujours manqué de pots ; même la peau de mes coudes qui est pour ainsi dire vendue d'avance à un monsieur qui fait des blagues.

Ce monsieur qui a acheté ma peau... Je ne sais pas comment l'appeler mais lui il sait... C'est son métier. Ce qui m'ennuie, c'est qu'il m'avait promis des arrhes et je n'ai encore rien reçu. Mais que faire ? Je ne vais pas aller jusqu'à lui toucher le ... les arrhes ? Il penserait que je lui cherche la petite bête ! que je le prends pour un escroc ! et ce n'en est pas un, il

est du genre plutôt câlin et tout le monde sait bien que les escrocs griffent.
Mais revenons à ma chambre, voulez-vous ? Nous parlions des murs. Et bien, ces 4 murs sont ornés de 2 lithos. la première représente une bonne partie de mes économies et l'autre, le complément. Ces lithos qui font partie d'une collection célèbre intitulée "les travailleurs matinaux" sont aveuglantes de vérité. C'est pourquoi quand on les examine de près on n'y voit absolument rien. Et l'on ne peut qu'admirer et se dire "Ah ! ces travailleurs matinaux qui sont sortis de leurs lithos !"

Moi c'est différent, j'aime beaucoup rester couché. Parce que, quand j'étais petit, j'ai été malade. C'est pourquoi la plupart du temps je couche sur une couche qui est faite d'une couche de limon que j'ai obtenu en faisant macérer des grands bas dans du vinaigre. Et je couche dans cette boue que l'on appelle "limon de grands bas". Et je suis bien dans cette boue. Il me suffit de penser que tout ce qui m'entoure est de boue alors que je suis couché pour éprouver une perverse volupté. C'est une sorte de vice que je tiens de mon père qui était un père vert : couleur qui aurait pu étonner ma mère mais ça la laissait froide ; c'était une mère de glace. Mais laissons-là ma famille et quoique j'aurais beaucoup à dire sur ma grand'mère française et mon grand'père collateur d'affiches.

Retournons dans ma chambre voulez-vous fillette ? Tout près de la porte, le mur a une grosse verrue, un gros bouton insupportable : il se plaît à interrompre quelque soit le sujet de conversation ; c'est un interrupteur éclectique.

Un jour un jeune abbé qui me rendait visite me dit : "je ne me sens pas à ma place ici-bas". Alors, je l'ai accroché au plafond, pour le remettre à sa place. Car je suis ordonné moi aussi. Et comme cet abbé est accroché au plafond depuis plus de cinq ans, on peut dire que ça fait déjà un bon lustre.

Et de plus, comme ce pauvre abbé est très myope, je lui ai laissé ses lunettes. Avec ses carreaux, on peut l'appeler l'abbé vitré. Ça me pose auprès des gens à qui je dis : "Dans mon appartement, on a une vue exceptionnelle de l'abbé vitré."

C'est ainsi que tous les matins, je prends le petit des jeunets... Les jeunets sont mes voisins de palier et leur petit est d'une naïveté touchante... Il se laisse prendre à tous les coups. Après on rit... mais on rit. On se fait des pinçons, on se fait des mimis... on joue à Mimi Pinson dans ma petite mansarde.

Malgré toutes ces joies, je rêve au jour où je pourrai quitter cette ville vieille, et avoir la campagne pour compagne.

J'y bâtirai une maison. Et qui m'empêcherait, au prix où sont les œufs, de la bâtir avec des œufs que je peindrai en vert.

Pourquoi ne vivrai-je pas dans une maison d'œufs verts ? Je n'ai rien à cachet moi, je n'ai rien à cacher...

(Il commence à défaire sa ceinture.)

CHARADE

Inédit de Boby Lapointe

Mon premier est dans la rivière,
Mon second est dans la rivière,
Mon troisième est dans la rivière...
Et mon tout est dans la rivière...
C'est trois petits chats noirs que j'y ai jeté hier.
(j'ai trouvé ça tout seul, et j'en suis pas plus fier.)
Mais les trois petits chats, eux, qu'est-ce qu'ils en pensent ?
Cinq minutes plus tôt ils étaient dans la panse
De leur catin de mère,
Puis... ouf ! enfin ! de l'air !
Puis le chaud du soleil, puis : plouf ! le froid !
Comme quoi...

Et mon tout est dans la rivière.

CHATTERIE

Inédit de Boby Lapointe

Le gentil chat a une robe bleue
Des yeux de perle
Et un sourire rose

Dieu
Gardez-lui ses yeux de perle
Et son sourire rose

Gardez-les lui toute la vie
Toute sa vie de chat gentil
Sa vie de bébé chat
Sa vie de petite fille chat
Sa vie de jeune fille chat
Sa vie de chatte

Petit chat joli
Gentil

COMPREND QUI PEUT

Paroles et musique de Boby Lapointe

Marcel n'est pas ce qu'on appel'
Un intellectuel
Marcel, Marcel
Quand je l'appel'
Moi je l'appel' Marcel
I' n' répond pas, mais il approch'
De sa démarche gauch'
Et l'on peut voir
Dans son regard
Comm' un' lueur d'intelligence
Il sait de quoi j'ai envie
Il n'est pas si bête
Il sait que c'est de son vigoureux corps d'athlèt'
Je pose ma main sur son gros bras que m'arriv'-t-il ça fait tilt
Il me sussur' le curieux refrain
Tiens ! voilà du boudin
Et puis en roulant les "R"
Oh, le grand nigaud
Il m'dit j'vais te fair'
L'fameux coup du légionnair'
Et du sable chaud
Dans la légion étrangère
J'aime son heureux caractère
Tout' ses affaires
Et c'est pour ça que
Je dis que l'amour,

Même sans amour
C'est quand même l'amour !
Comprend qui peut ou comprend qui veut !

Celles qui croient que mon Marcel
Ça n'est qu'un manuel
Elle connaiss'nt rien :
Y a pas qu'ses mains qui font des choses bien
Pis d'ailleurs moi j'ai pas le temps de savoir qui est Marcel
Car mon Marcel
Il me harcèle
Marcel me harcèle
Marcel me harcèle
C'est comm' s'il avait deviné c'dont j'ai envie
J'dirais mêm' qu'il a si vigoureux appétit
Que je jurerais parfois qu'il a divi-
Qu'il a divinement
Fait tout ce qu'il faut faire pour mon con...
Oui, mon contentement
Il sait de quoi j'en envie.
Il n'est pas si bête
Il sait que c'est de son vigoureux corps d'athlète
J'aime son heureux caractère,
Tout'ses affaires, et c'est pour ça que

Je dis que l'amour,
Même sans amour,
C'est quand même l'amour
Comprend qui peut ou comprend qui veut.

DANS MON PAYS

Inédit de Boby Lapointe

Y'a que trois cord's à mon banjo pourri
Une qui pleure un' qui aime un' qui rit
Celle qui pleur' je fais semblant qu'ell'rit
Celle qui aim' j'en joue pas à Paris
Oui y'a qu'trois cord's à mon banjo pourri
Une qui pleure un' qui aime un' qui rit
Celle qui pleur' je fais semblant qu'ell' rit
Celle qui aim' j'en joue qu'à mon pays
Dans mon pays y'a d'la douceur
On peut montrer tout nu son cœur.

Et dans mon cœur y'a plein de sentiments
Un grand tout blanc pour papa et maman
Un grand tout bleu réservé à ma mie
Et puis des strapontins pour les amis
Oui dans mon cœur y'a plein de sentiments
Mais à Paris j'les enferm' prudemment
Je n'sors que les strapontins des amis
Les aut' ne voient le soleil qu'au pays
Dans mon pays y'a d'la douceur
On peut montrer tout nu son cœur

DIBA-DIBA

Paroles de Boby Lapointe
Musique de François Rabbath

Diba Diba
Diba Diba Diba
Diba Diba

Ne me dis pas
Que ce "Diba-diba"
C'n'est pas drôle
Tous les Gringos
Qui l'chant'nt à l'équateur
S'couent l'épaule
Les esquimaux
Qui l'écoutent aux pôl's
S'couent l'écouteur
Un riche esquimau
M'a dit "J'ai bobo
Un' maladie d'peau :
J'ai plein d'igloos sur les pôles
J'voulais en mourir
Mais ton air fait rire
Les plus tristes sires
Mêm' les cires les plus molles"

J'suis marida
A un' Farah-Dibah
Esquimaude

Qui m'a dit : "Bah !
Dix bas, dix bas dix bas
Est-c' commode..."
Quand par grand froid
L'thermomètre est si bas
Qu'on march' dessus
Faudrait crois-moi
En plus de ces dix bas
Un pardessus
C'est pourquoi j'ai pris
L'avion pour Paris
Où j'ai eu pas mal
De mal à faire suivr' ma mal'

J'suis ici depuis
(et) Quand j'ai l'mal du pays
J'vais dans les jours pâles
Voir l'aurore au bord des halles

Mais bah ! Mais bah !
Dès qu'je dis "Ba-diba"
Tout s'éclaire
Pourtant, n'est-c'pas
J'peux plus ach'ter des bas
Doux et clairs :
A tous les r'pas

J'dois payer dix babas
Douze éclairs
A un' Nana
Qui m'en laisse baba

(hm!) j'touss' des glaires
Quand je fais le dur
Ell' me fait la moue
Et sa moue ça dure
Jusqu'à ce qu'on fass' l'amour

Après nos ébats
Je n'sais pas pourquoi
Nos soucis s'effritent
Devant des saucisses et frites

Et dix babas
Douz' éclairs au moka
Et seize kilo
De madeleines :
(Quel coup pour mon bas d'lain')
Un esquimau
Qui ne dit pas
Qu'en dépit des dix bas
Il se débat
Et se dit : "Bah
Diba-diba diba
Diba-diba"

Coda
Diba Diba
Diba Diba Diba
Diba Diba

EH ! TOTO

Paroles et musique de Boby Lapointe

Eh ! Toto ya t'il ton papa ?
L'est pas là papa
Eh ! Toto ya t'il ta maman ?
L'est pas là maman
Eh ! Toto ya t'il ton pépé ?
L'est pas là pépé
Eh ! Toto ya t'il ta mémé ?
Y est pas y est pas
Eh ! Toto ya t'il ton tonton ?
Y est pas y est pas !
Eh ! Toto ya t'il ta tata
Y est pas y est pas
S'il n'y a pas
Ni ton papa ni ta tata et cetera
Ah quel bonheur j'viens voir ta sœur

Oui
Car c'est bien la plus belle
La plus sensationnelle
La plus ceci celà et la plus, la plus...
Et tout ça
J'sais pas si tu t'rends compte
Mais dès qu'on la rencontre
On se dit :
"Ouh ! là ! Ouh ! là là là tiens la voilà"

Salut j' n' t'ai pas apporté de fleurs
Ça ne m'étonn' pas
Mais me voilà avec mon cœur
Ça ne m'étonn' pas
Et aussi avec mon scooter
Ça ne m'étonn' pas
Tous deux ne battent que pour toi
Tip Tap, Tip Tap,
Laiss' moi te prendre dans mes bras
Bas les patt's bas les patt's
Laiss' moi te faire un bisou là
Bas les patt's bas les patt's
Oh la vilain' si c'est comm' ça
J'vais voir ta bonn' belle Irma
Et je l'emmène au cinéma
Na !

Car c'est bien la plus belle
La plus sensationnelle
La plus ceci celà et la plus, la plus...
Et tout ça
J'sais pas si tu t'rends compte
Mais dès qu'on la rencontre
On se dit :
"Ouh ! là là ! Ouh ! là là là tiens la voilà
Salut Irma, tu viens au cinéma ?
Non !

EH ! V'NEZ LES POTES

Parole et musique de Boby Lapointe

Eh ! v'nez les potes
    Venez chez moi, y a pas papa
Eh ! v'nez les potes
    Y a pas papa, y a pas papa
Il est parti
    Ça va êtr' la maous bing bang partie
    Ou, ou, ou
Eh ! v'nez les filles
    Bijou, Chouchou, Lydie, Diana
Poupou, Zizi
    Mimi, Baba, y a pas papa
On va s'marrer
    Ça va êtr' la maous bing bang soirée
    Ou, ou, ou
Piquez dans le frigo
    Y a tout ce qui faut
Cubu, clicou, pou, hio, hiha
    Buvez tous les machins
Laissez-moi l'porto
    Cubu, clicou, pou, hio, hiha
Pour remplir le piano
    J'vais y prendre un bain
Ça m'fera du bien
Eh ! gaff' les potes

Oh là', Oh la'
Voilà papa,
Eh ! Lydie ô-tes
Toi donc de là, voilà papa
Eh ! dis August'
Ne fais plus joujou avec le lustre
Eh ! gaff' les potes
Oh la ! oh la, voilà papa
Eh ! Marie ôtes
Toi donc de là, voilà papa
Eh ! Christobal
Laiss' donc le service de cristal
Tiens papa n'est pas seul
Qui donc il amèn' ?
Cubu, clicou, pou, hio, hiha
C'est tonton Archibal
Mémé Philomène
Bijoux, cailloux, choux, genoux, hiboux
J'vais en prendr' pour mon grad'
Fini rigolad'
La ! la ! quelle salad'
Eh ! dit' les potes
Visez papa, visez-moi ça !
Comme il foxtrot'
Avec Diana ho la ! oh la !
Tiens v'là Mémé
Grimpée su'l dessus d'la cheminée
Eh ! dit' les potes
Oh là ! oh la ! voyez-moi ça

Comme ell' gigot'
Oh la ! oh la ! on n'croirait pas
Qu'elle est vétuste
Tiens la v'là qui s'élance dans le lustre
Ça c'est du vrai trapèze
Ça c'est du boulot
Cubu, clicou, pou, hio, hiha
Elle a l'air bien à l'aise
J'y tire mon chapeau
Cubu, cliclou, pou, hio, hiha
Oh ! Tonton Archibal
Tu jongles pas mal
Avec le cristal
Eh ! dit' les potes
Où il est papa, où elle est Diana
Où elle est Charlotte
Où elle est Lydie, où il est papa
Où elles sont les filles, où il est papa
Où elles sont les filles, où il est papa
Où elles sont les filles, où il est papa

"Eh ! dis Boby, c'est ton papa qu'tu cherch'
Ben j'vais te l'rendre !"

EMBROUILLE MINET

Paroles et Musique de Boby Lapointe

Fillette comblée de bonheur
On dit que tu n'as pas de cœur
On dit que tu es une égoïste
Parce que jamais tu ne t'attristes
Les catastroph' du monde entier
Te font moins mal que tes petits souliers
Ça prouv' que ta grande pitié
Est trop lourd' et tombe à tes pieds
Tu as beaucoup de cœur
Et prouvons-le sur l'heure
Tu partag' ton bonheur
Avec ton petit chat
Et c'est bien comme ça.

Refrain :
La joie de ton chat se lit dans tes prunelles
Je sais bien qu'il n'est pas repu d'si peu
Mais je vois dans tes yeux qu'il est heureux
Quand il est heureux tu en deviens plus belle
Tu as bien plus d'éclat
Que ne ferais-je pas
Pour la joie, pour la joie
Pour la joie de ton chat
Tra la la la (bis)

(Tu oublies vite le passé
Tu ne pleur' pas les trépassés
Tu limites ton avenir
A c' qui sur l'heure va venir
Tu n' considères le présent
Qu'en fonction des plus ou moins gros présents
Que l'on fait à ton animal
Et après tout y a rien de mal
Dès qu'on s'y intéresse
Pour peu qu'on le caresse
Ou à plus forte raison
Si je lui donne un poisson
C'est la jubilation.

Au refrain
...Car ton chat est aussi à moi

FRAMBOISE !

Paroles et musique de Boby Lapointe

Elle s'appelait Françoise,
Mais on l'appelait Framboise !
Une idée de l'adjudant
Qui en avait très peu, pourtant,
(des idées)...
Elle nous servait à boire
Dans un bled du Maine-et-Loire ;
Mais c'n'était pas Madelon...
Elle avait un autre nom,
Et puis d'abord pas question
De lui prendre le menton...
D'ailleurs elle était d'Antib's !

Quelle avanie !
Avanie et Framboise
Sont les mamelles du Destin !

Pour sûr qu'elle était d'Antibes !
C'est plus près qu'les Caraïbes,
C'est plus près que Caracas.
Est-c' plus loin que Pézenas ?
Je n'sais pas :
Et tout en étant Française,
L'était tout d'même Antibaise :
Et bien qu'elle soit Française,

Et, malgré ses yeux de braise,
Ca n'me mettait pas à l'aise
De la savoir Antibaise,
Moi qui serais plutôt pour...

Quelle avanie...
Avanie et Framboise
Sont les mamelles du Destin !

Elle avait peu d'avantages :
Pour en avoir davantage,
Elle s'en fit rajouter
A l'Institut de beauté
(Ah - ahah !)
On peut, dans le Maine-et-Loire,
S'offrir de beaux seins en poire...
L'y a un Institut d'Angers
Qui opère sans danger :
Des plus jeun's aux plus âgées,
On peut presque tout changer,
Excepté ce qu'on n' peut pas...

Quelle avanie...
Avanie et Framboise
Sont les mamelles du Destin !

"Davantage d'avantages,
Avantagent davantage"
Lui dis-je, quand elle revint
Avec ses seins Angevins...
(Deux fois dix !)

"Permets donc que je lutine
Cette poitrine angevine..."

Mais elle m'a échappé,
A pris du champ dans le pré
Et j'n'ai pas couru après...
Je n'voulais pas attraper
Une Angevine de poitrine !

Moralité :
Avanie et mamelles
Sont les framboises du Destin !

FROM TWO TO TWO

Paroles de Boby Lapointe
Musique de Oswaldo d'Andréa

What time is it ? Quelle heure est-il ? Deux heur's moins deux :
Two to two
Quelle heure est-il ? What time is it ? Deux heures deux :
Two two
De deux moins deux à deux heur's deux voyons ce qui se pass'
Consacrons-y notre class'
From two to two to two two. De deux heur's moins deux à deux heur's deux
Daddy on his bike is riding to town
Papa à vélo-o se rend à la ville.

From two to two to two two. De deux heur's moins deux à deux heur's deux
My sister is swimming across the pool
Ma sœur, en nageant traverse la piscine.

From two to two to two two. De deux heur's moins deux à deux heur's deux
Grannie is in bed eating her pudding
Grand-mère est au li-it, mangeant son pudding.
From two to two to two two. De deux heur's moins deux à deux heur's deux

Dreaming uncle John is petting the dog
Rêveur, oncle Joh-hon, caresse le chien.

Et maintenant vous possédez tout un voca-bu-lai-air'
Vous pouvez grâce à tous ces mots tenir
"conversation"
Vous mélangez formant des phrases de mille maniè-èr'
Mille "signi-fi-qua-tion".

From two to two to two two. De deux heur's moins
deux à deux heur's deux
The dog is swimming, he's swimming to town
Le chien nage, nage jusqu'à la ville. *"possible"*

From two to two to two two. De deux heur's moins
deux à deux heur's deux
Grannie on her bike rides across the pool
Grand-mère à vélo traverse la piscine
"toujours possible"

From two to two to two two. De deux heur's moins
deux à deux heur's deux
My sister's in bed, she eats uncle John
Ma sœur est au lit, ell' mange Oncle John. *"Hé!"*

From two to two to two two. De deux heur's moins
deux à deux heur's deux
Daddy is dreaming he pets his pudding
Papa en rêvant caresse son pudding.
"Ha, bravo, bravo..."

GEOFROY ST-HILAIRE

Paroles de Boby Lapointe
Musique de Boby Lapointe et Maurice Mignot

Refrain
Dans la rue Geofroy St-Hilaire
Tire li lan lair
J'ai froid aux seins Ti Laire
Tire li lan laire, Hé !

Pourquoi vas-tu dans cette rue
Ma foi de veau
Dans la rue Froideveaux
Je ne connais personne
Absolument personne
Tandis que dans la rue Geofroy St-Hilaire
Tire li lan lair
J'y caus' avec mon...

Refrain

Si j'é... tais tzar
J'irai voir ma tzarine
Dans la rue Mazarine
Mais je n'y connais personne

Refrain

Rue Arsène Houssaye
D'abord j'sais pas où c'est
Puis j'n'y connais personne

Refrain

Rue d'Alésia
Allez-y à dada
Moi je n'y connais personne

GRIMACE RATATINÉE EN RIME A GRASSE MATINÉE

Inédit de Boby Lapointe

T'en souviens-t'il Tordu, la grasse matinée
Que tu vécus, un jour de mars en gâtinais
Dans cet ancien buffet de gare, estaminet ?
De désir, une vieille garce t'animait...
T'offrant son trou en disant "gratte ça, minet !"
Ton pied que tu enfouis jusqu'au tarse, gaminait,
Fouillait jusqu'à son épigastre, marinait...
Mais chez ces vieux boudins, l'orgasme tard y nait.
C'est pourquoi ces foutues pétasses graminées
Recherchent des méchants aux âmes gratinées
Mais youpi ! tout soudain ta braguet's'animait
Et, jaillissant, ton gros cigar' se matinait
De violet, étalant sa masse gratinée
Pour gicler d'un jus clair trois grammes satinés
Puis, pof ! s'affaler ; fugace martinet
Qui fit dire au vieux tas : "ma grâce t'a minée"
Ouais ! elle est gratinée ta grasse matinée.

GRIS

Inédit de boby Lapointe

Petit père Bon Dieu
Je suis un vieil outil,
Et, sauf votre respect, et mon nez
Qui est violet,
J'suis gris.

Gris comme la poussière,
Gris comme l'ombre d'un grillage à moustiques,
Gris comme la photo des hommes politiques,
Gris comme la fumée qui monte des soupières.

Gris,
Gris comme sous les ponts,
Gris comme,
Comme mes pantalons,
Alors, j'voulais te demander, dis,
Est-ce-qu'au paradis

Les petits anges ont le derrière rose ?

GUITARE SOMMAIRE

Paroles de Boby Lapointe

Ceci est une guitare...
Je ne joue pas de la guitare classique. Je ne joue pas du flamenco.
Je joue de la guitare sommaire.
Je suis professeur de guitare sommaire.
Je ne suis pas ici pour vous distraire, mais pour instruire.
Maintenant, s'il y en a que ça amuse de rire, je peux aussi distraire...
Je peux instruire en "distraisant"... treize ans et demi maximum...
Après je prends ma retraite.

Petit cours de guitare sommaire :

Une guitare... est un instrument... en forme de guitare... qui comporte six cordes.
Si l'on partage la guitare en deux par le milieu (ce qui n'est pas à conseiller...)
On obtient deux moitiés de guitare... et... 3 cordes d'un côté... 3 cordes de l'autre.
Ces trois cordes du haut s'appellent par conséquent les basses... en guitare "classique" !
En guitare "sommaire" on ne les appelle pas : on les ignore !

La grosse difficulté de la guitare sommaire est d'éviter de toucher à ces cordes du haut qu'on appelle "les basses".
Pour ce : ne tripotons pas la guitare avec tous les doigts...
Servons-nous uniquement du pouce...
Comme son nom l'indique "Pouce" ça ne compte pas.
Pouce, c'est pour rire : Ah ! Ah ! Ah ! Ah !... Assez ri : 1re leçon :
Les deux accords : en guitare sommaire, nous avons deux accords. C'est beaucoup...
Ce n'est pas trop.
Pour effectuer ces deux accords, nous avons une main gauche avec un pouce (qui ne compte pas... ah ! ah !) et un index.
Avec l'index, nous viendrons appuyer sur les cordes à proximité (c'est-à-dire pas trop loin).
Soit sur cette corde-ci (que nous appellerons la corde "si"), soit sur cette corde-là (que nous appellerons donc la corde "mi") et, nous obtiendrons les deux accords suivants : bling et blang !...
C'est très facile : bling... (c'est facile mais il ne faut pas toucher la corde à côté...)
Bling !... et blang !... (comme j'ai montré tout à l'heure).

Exercice pour la prochaine fois.
Sur un cahier propre :
Dix lignes de "bling".
Dix lignes de "blang".

INSOMNIE

Paroles et musique de Boby Lapointe

Depuis bientôt un mois et d'mi
Qu'ell' s'est installée dans ma vie
Il n'y a plus d'place dans mes nuits
Pour le sommeil ou pour l'ennui.

Elle s'endort sur mon épaule
J'ai dans les yeux ses boucles folles,
Ça me fait bien loucher un peu
Mais j'aime tant ses blonds cheveux.

Mon bras passé sous son aisselle
Ell' contre moi, moi tout contre elle,
J'ai des fourmis un peu partout
Mais je n'boug' pas, du tout du tout.

Son petit nez fait d'la musique
Une musique très sympathique
Pas de ronflements de dragon
Des petit' plaint', des p'tits "ron ron".

Moi qui avais le sommeil si lourd,
Je n'en dors plus, la nuit, le jour,
Pour un com' moi c'est trop d'amour,
Ça pourrait me jouer des tours.

Il faudrait bien que ça me passe
Et qu'avant elle je me lasse
De notre amour, oui mais voilà
Sûr'ment déjà j'suis chocolat.

Dans ses rêves ell' murmur' : je t'aime
Mais elle ajout' : Mon bel Etienne !
J'suis pas très beau, j' m'appell' François,
Ça m'fait tout drôle à chaque fois.

Oui mais le lendemain je n'ose
Lui parler de l'horrible chose
Elle m'embrass' si gentiment,
J'ai l'impression d'êtr' sa maman.

Qu'elle me quitte ou qu'ell' demeur'
Je n'pourrai plus dormir une heur'
Tell'ment elle a comblé mon cœur
De bonheur et de malheur.

IN THE DESERT

Paroles françaises de Boby Lapointe
Paroles originales de Anton von Kassel
Musique de Arthur Greenslade

Adélie elle est belle Ah !
Dis ! elle a des yeux !
Comme une gazelle Ah !
Dis ! elle en a deux !
Et des mèches brunes Dis !
Plein sur sa figur' !
Qui est comme la lun' Dis !
Ah ! y en a ! j'te jur' !

Adé-lie - Adélie-Adélie-Adélie-Ah ! (bis)

C'est devant le pope hier,
Qu'on s'est marié !
Je baissais les paupières, et
Bell'-maman riait !
El-le boit trop d'madère,
Et comme ell' boss' dur !
Elle en devient amère,
Ah ! y en a ! j'te jur' !

Adélie - Adélie-Adélie-Adélie-Ah ! (bis)

Au repas de nos noc's
Ma tendre et douc' touss'
Etranglée par un no nos
Qui 'y avait dans l'couscous
Et puis comm' ça pass' pas
Ell' s'met à couri'
S'enfuit de la cas-bah
Dans l'jardin fleuri

(et dans l'jardin:)
Y a des lilas des lilas des lilas des lilas (bis)

Moi j'y cours par der-rier'
Pareil comm' du vent
J'i manquais pas d'air hier,
J'i manquais de divans !
Tous les lits étaient pris
Par les d'moisell' d'honnur
Qui poussaient de grands cris
Ah ! y en a ! j'te jur'

Y a des lits ! Y a des lits y a des lits y a des lits ! Ah (bis)
Et j'pars IN THE DE-SERT me Fair' cuire un œuf dur
Mais qu'est-c' que je dis, j'erre ! Ah y en a ! j'te jur' !

Ah ! y en a j'te jur'
"C'est exact : j'erre"
Ah ! y en a j'te jur'...

J'AI FANTAISIE

Paroles et musique de Boby Lapointe

Ce samedi soir ell' revenait de son usine
Les bras chargés de billets bleus bien mérités
Sous les regards concupiscents de ses copines
Le cœur joyeux vers son foyer
Ell' se hâtait
En la voyant sa maman fut bien satisfaite
Elle lui dit, prenant son air des jours de fête
Mets un chapeau, lav'toi les mains, faisons toilette
Ce soir ma fille, nous allons bien nous amuser !

J'ai fantaisie de mett' dans notre vie
Un p'tit grain de fantaisie ! Youpi, Youpi !
Allons au cinéma du quartier
Ca s'rait folie d'faire les frais d'une entrée
Mais nous verrons la sortie... Youpi, Youpi !
C'est amusant de voir les gens qui en sortant
Ont l'air si tristes ! Oh ! Oh ! Oh !
Si tristes ! Oh ! Oh !
C' qu'on s'amuse en buvant un' limonad'
Oh ! la ! La ! j'en suis malade

Cette semaine y a pas eu d'heur' supplémentaires
A dit l'comptable en lui faisant son relevé
Parbleu elle a passé du temps près de sa mère
Malade après la limonad' comm' vous savez

Ce samedi elle est rentrée, l'humeur maussade.
Puis lasse de donner ses soins à la malade
Elle lui a dit : "Je vais chercher de la pommade"
Mais l'seuil franchi, insoucieuse elle a chanté :

J'ai fantaisie de mett' dans ma vie
Un p'tit grain de fantaisie ! Youpi ! Youpi !
Moi j'en ai marre
J'vais à la foire
Puisque ma mère est toujours alitée
Pourquoi pas en profiter ! Youpi ! Youpi !
La voilà donc sur un cochon qui tourne en rond
Quelle joie de vivre ! Ah ! Ah ! Ah !
L'enivre ! Ah ! Ah !
Y a Albert qui est derrière, qui la serre
Et elle le laisse faire !
Ouais !
Cette semaine, y a pas eu d'paye, sa mère est morte
Depuis mardi qu'elle lui a fermé les yeux
De leur logis, seul, Albert a franchi la porte
Pour la r'monter, et, pour lui présenter ses vœux
A son usine on a mis une intérimaire
Pour lui laisser tout le loisir d'enterrer mère
Et à Albert, qui l'accompagne au cimetière
Quand l'corbillard pass' près d'la gare, elle déclare :

J'ai fantaisie de mett' dans not'vie
Un p'tit grain de fantaisie ! Youpi ! Youpi !
A seize heures seize y a un express
Pour St-Tropez, faut qu'on s'presse, j'ai du pez'

J'dis ça pour te mettre à l'aise, Youpi ! Youpi !
Les voilà donc partis tous deux pour d'autres cieux
Ah quel firmament ! Ah ! Ah ! Quelle fill' ! Maman !...
Puis vient l'bel Armand, puis encore d'autr's amants
Puis un contrat au Soudan
Vlan !

JE JOUE DU VIOLON TZIGANE

Paroles et musique de Boby Lapointe

Je viens de poser la veste parce que je vais jouer
du violon tzigane
et le violon tzigane se joue sans veste.
C'est pour ça que je joue du violon tzigane...
Et puis, mon oncle m'a dit : "Le violon de deux
choses l'une : ou tu joues juste ou tu joues tzigane.
Moi, j'ai pas tellement de choix,
je joue tzigane. Y'en a qui prétendent que le violon
ne supporte pas la médiocrité.
C'est faux ! Le violon supporte la médiocrité.
C'est ceux qui écoutent qui ne la supporte pas.
La preuve.

JE SUIS NE AU CHILI

Paroles et musique de Boby Lapointe

Je suis né au Chili
Maman était au lit
Et mon papa auchi,
Mais il n'y resta pas
Car maman le tapa
Et papa s'épata (Ah !)
Il lui dit : le fait est
Que nous allons fêter
L'enfant que je t'ai fait.
"Il but tant de pots tôt
Qu'il buta à un poteau,
Et typez le topo :
Maman dans le coma,
Papa dans le moka
Et moi né comme aquo :
Tout noué tout ténu,
Tout menu et tout nu,
Né tout nu ça nous tue
Car de mon corps palot
Le soleil bouffait la peau
Sans vous belle Paula (Ah)
Qui de vos mains de fée
En cette fin de mai
Me graisssates le dercheme.

... Et je veux rendre à ma façon
Grâce à votre graisse à masser.
Votre saindoux pour le corps c'est
Ce que mes vers pour l'âme sont.
De tout ce qu'à ma peau me fîtes,
Combien fus-je épaté de fois !
Combien à vous qui m'épatâtes
Mon bon petit cœur confus doit !
Absolument pas lié
A vos voisins de palier,
Mais m'entendant piailler
A poil sur la terrasse
Sans chapeau tête rase
Sans que je m'arrêtasse
Enjambant le balcon
En un radical bond
Vous traitâtes d'un sale ton :
Ma mère dans le coma,
Mon père dans le moka
Qui me laissaient comme aquo.
Sortant je ne sais d'où
Un morceau de saindoux
Vous massates soudain
Ma peau pietre de vos
Froids doigts sans rides, vos
Belles mains ; et de vos si
Jolies phalanges ouatées
Que vous m'avez oté
Au citron et aux mich' (oui)

La douleur qui en douce
N'avait sauté qu'aux s'couss'
Etranges de vos frictions
...De tout ce qu'à ma peau me fites,
Combien fus-je épaté de fois!
Combien à vous qui m'épatates
Mon bon petit cœur confus doit!
...Et j'ai rendu à ma façon
Grâce à votre graisse à masser.
Votre saindoux pour le corps c'est
Ce que mes vers pour l'âme sont.

JOCKEY, C'EST PAS MAUVAIS

Inédit de Boby Lapointe

Parlé JOCKEY, c'est pas mauvais ;

Chanté Ah, mes amis dit la baronne,
Restez dîner, je vous l'ordonne
Avec notre ami le jockey,
Et elle ajoute en souriant :
Parlé JOCKEY, c'est pas mauvais !

Chanté Ah, Cornebleu dit l'amiral,
Si je pars en mer mon amie râle
En ce cas resterai-je au quai ?
Et moi j'ajoute en souriant :
Parlé JOCKEY, c'est pas mauvais !

Chanté Moi, dit le crac de hockey sur glace
Je vais rester mais c'est degu'lasse
Quand m'entraînerai-je au hockey ?
Et moi j'ajoute en souriant :
Parlé JOCKEY, c'est pas mauvais !

Chanté Comme nous nous levions de table
M'sieur La Fontaine qui est affable
S'exclama : Darling suis-je OK ?
Parlé J'ai dit JOCKEY c'est pas mauvais !

Chanté		Après avoir un bon moment
		Cherché moi-même un compliment
		Entre la poire et le JOCKEY
Parlé		J'ai dit JOCKEY c'est pas mauvais !

Chanté		Mon cher, rétorqua la baronne,
		Vos plaisanteries sont très bonnes
		Mais elle pourraient ici choquer

Parlé		J'ai dit JOCKEY, c'est pas mauvais !

LA BANANE ANANA

Paroles et musique de Boby Lapointe

La banane anana
La banane a nana
Es un paso my complicato pero que
Que... no... no... pas... pas pagaille, no !
La banane anana
Se baila... como si bailaban
Dos frutos : un anana y una Banana...
Oh la la !

La banane anana
Cuando la quiere bailar
Paquito invita a su nana pero si, su
Nana no quiere bailar no !
Se baila con una otra
Nana... y bailan como
Si eran un anana yu-na Banana...
Oh la la !

La banane anana
La banane a nana
C'est une danse
Vous pouvez chanter
Allez, "Santé". Allez, dansez !

LA FILLE DU PÊCHEUR

Paroles et musique de Boby Lapointe

Moi, les filles de Paris, déguisés en glamour
Tartines de beauté margarine d'amour
J' n'y tiens pas
Si ce n'était pour soigner mon petit libido
On n'en verrait jamais près de moi au dodo
Mais voilà
J'ai besoin d'être à Paris puisque je suis chômeur
A Paris c'est payé beaucoup plus cher de l'heur'
Sinon va
Moi les filles de Paris déguisées en glamour
Tartines de beauté, margarine d'amour
J' n'y tiens pas.

Refrain:
Où es-tu fill' du pêcheur
Toi que j'appelais "Sirène"
Tu es reine de mon cœur
De mon cœur tu es la reine.

Je t'ai connue, souviens-toi, tu n'avais pas quinze ans
Je venais à la mer avec que mes parents
Pour l'été
Comm' je t'ai trouvée jolie, j'ai voulu être aimable
Et toi petit' sauvag', tu m'as jeté du sable
Méchanc'té

Mais j'admirais ton papa qui avais un bâteau
Tu admirais mon papa qui avais une auto
Et bientôt
Nous étions copains, copains comme chemise et cul
Et quand je suis parti, toi aussi tu as eu
Du chagrin

Refrain

Et depuis tous les automn', et même tous les hivers
Quand une chose ou l'autre me rappelle la mer
Je serre les poings
Non, je n'étais pas bagarreur, je l' suis devenu
Mais j' veux garder le chaud de tes épaules nues
Dans mes mains
Oui, je veux garder le chaud de ta peau mordorée
Du brillant de tes yeux et des reflets moirés
De tes ch'veux
Tes cheveux dégoulinant de perles d'eau salée
Perles que sur ta peau, d'un baiser, je volais
Malicieux.

Refrain

Tu avais promis, souviens-toi, que l'on se marierait
Mes études finies et lorsque je serai médecin
Médecin, c'est long, bien long, et pour me consoler
Prenant un air distrait tu m'laissait cajoler
Les deux tiens
Mais quand je suis revenu à ce dernier été

Éprise d'un voyou tu avais déjà quitté
Le Midi
Ma foi, j'aime trop la mer pour te chercher ailleurs
Heureusement pour moi, il y a ta petite sœur
Qui a grandi

Dernier refrain:

L'est aussi fill' de pêcheur
Tiens! J'vais l'appeler "Sirène"
Ell' s'ra reine de mon cœur
De mon cœur, elle est la reine.

LA FLEUR BLEUE CONTONDANTE

Paroles et musique de Boby Lapointe

C'était un catcheur des dimanches
Tous les samedis il catchait
Et les autres jours il s'cachait
Dans les bois, sous les branches
Et là avec un dictionnaire
Il faisait des vers, solitaire
Mais son esprit rugueux
Ne trouvait rien de mieux
Que d'faire rimer printemps
Avec j'y rentre dedans
Ou bien j'y casse les dents
C'était trop percutant
Et tout honteux
Il disait "C'est affreux".

J'ai une fleur bleue contondante
Je n'la montre pas à qui veut
Elle n'est pourtant pas méchante
Ma petite fleur bleue
Mais elle est contondante *(bis)*
Allons tant pis *(bis)*
Tant pis

Un jour un éditeur affable
Comme il y en a depuis Esope
Le vit dans un café et hop
S'invita à sa table
Il se commanda une bière
Il paraît que ça désaltère
Il prit le manuscrit
Et le lut sans broncher
Bien sûr étant assis
Il n'pouvait pas broncher
Mais il poussait des cris
Comm' si on l'écorchait
Et... Chaleureux
Il lui dit "Cher Monsieur".

Tu as une fleur bleue contondante
Je vais la montrer à qui veut
Corbleu est-elle assez méchante
Ta petit fleur bleue
Car elle est contondante *(bis)*
Allons tant mieux *(bis)*
Tant mieux.

Il devint un auteur célèbre
Il était de tous les galas
Et les autres jours ce gars-là
Cherchait au bout d'ses lèvres
Des petits bouts de chansonnettes
Ça lui donnait mal à la jambe
Car il frappait du pied

Pour battre la mesure
Et ses nouveaux souliers
Avaient une pointure
Un peu trop étriquée
Qui étriquait son caquet
Et... L'éditeur
Lui dit ah ! quel malheur.

Ta fleur bleue n'est plus contondante
Je sais qu'tu fais ce que tu peux
Je n'voudrais pas être méchante
Mais que veux-tu donc que
Je fass' de ta fleur pédante
Qui n'est plus contondante
Allons tant pis (bis)
Tant pis.

Il devint boxeur des dimanches
Tous les samedis il boxait
Et les autres jours il bossait
Comme cow-boy dans un ranch
Pour se payer les manuels
Traitant de la poésie cruelle
Et la fille du libraire
Qui avait su lui plaire
L'amena sans manière
Pour clore cette affaire
Devant Monsieur le Maire
Pas plus tard qu'avant hier
Et... O surprise

Il lui dit entr' deux bises

J'aurai un' fleur bleue contondante
Je vais t' la montrer si tu veux
N'aie pas peur elle n'est pas m'chante
Ma petite fleur bleue
Mais elle est contondante *(bis)*
Allons tant mieux *(bis)*
Tant mieux.

LA MAMAN DES POISSONS

Paroles et musique de Boby Lapointe

Si l'on ne voit pas pleurer les poissons
Qui sont dans l'eau profonde
C'est que jamais quand ils sont polissons
Leur maman ne les gronde

Quand ils s'oublient à faire pipi au lit
Ou bien sur leurs chaussettes
Ou à cracher comme des pas polis
Elle reste muette

La maman des poissons elle est bien gentille !

Ell' ne leur fait jamais la vie
Ne leur fait jamais de tartines
Ils mangent quand ils ont envie
Et quand ça a dîné ça r'dine

S'ils veulent prendre un petit vers
Elle les approuve des deux ouïes
Leur montrant comment sans ennuis
On les décroch' de leur patère

S'ils veulent être maquereaux
C'est pas elle qui les empêche

De s'faire des raies bleues sur le dos
Dans un banc de peinture fraîche

J'en connais un qui s'est marié
A une grande raie publique
Il dit quand elle lui fait la nique
"Ah ! qu'est-ce que tu me fais, ma raie !"

La maman des poissons elle a l'œil tout rond

On ne la voit jamais froncer les sourcils
Ses petits l'aiment bien, elle est bien gentille
Et moi je l'aime bien avec du citron
LA MAMAN
DES POISSONS
ELLE EST BIEN GENTILLE !

L'AMI ZANTROP

Paroles et musique de Boby Lapointe

Moi j'connais un ami il s'appelle Alceste
C'est son nom Alceste
Nous, on l'appel' Zantrop c'est not' ami Zantrop
Bonjour l'ami Zantrop
Quand il est à St-Trop il vit comme un ascète
I'sort jamais là-bas
Mais quand il est à Sète i'vit comme à St-Trop
Toute la nuit i'sort
Il fait le tour des boîtes où l'on boit et l'on danse
Y'en a plusieurs à Sète
Il cherche Célimène sa doudou fiancée
A vu Célimène ? pas là
A la fin il l'a trouvé il lui dit ce qu'il pense
L'est pas content tu sais
Il dit fuyons ces boîtes de laids qu'ont dansé

Ah ! parce que c'est son mot ça
Parce que lui il dit que ceux
Qui dansent dans ces boît' i'sont affreux
Et quand ils s'arrêtent de danser
Il dit c'est des boîtes de laids qu'ont dansé
Et voilà ! et ça fait rigoler
Ah la la ! Oh bon pas trop
Mais lui il est en colère
Et il dit en grinçant des molières

Non je ne puis souffrir cette lâche méthode
Ah il aim' pas
Qu'affectent la plupart de vos gens à la mode
Il aim' pas la mode
Et je ne hais rien tant que les contorsions
Il aime pas le jerk
De tous vos grands faiseurs de protestations
Il aime pas du tout
Viens viens ma Célimène ! Ah viens viens je t'amène
Allez viens va
Laisse ces sapajous faire ensemble joujou
Ils dansent le jerk
Toutes leurs flatteries et leurs cajoleries
Avec les mains
C'est rien que du chiquet et de la crot' de biquet

Ah ça c'est son mot encore
Parce que lui il pense pour l'amour
Pas besoin de faire des manières
Lui tout de suite allez : "Boum Boum"
Et voilà c'est pas compliqué
Mais Célimène c'est pas ça du tout
Elle veut pas tout de suite "Boum Boum"
Pace que ell' c'est un' grand coquette
Et puis d'ailleurs tu vas voir

Mais notre Célimène dit pas toujours Amen, non
Oh non
Au contraire bien souvent elle dit "Ah mais non"
C'est vrai ça

"Moi j'aime conversation de garçon plus amen, oui"
Amen signifie doux
"Puis j'suis pas Cendrillon je rent' pas à minuit
Si tu crois qu'en amour y a pas besoin de hors d'œuvre
Vas donc chercher ailleurs qui peut faire ton bonheur
Pour gagner une guerre il faut faire des manœuvres
Mets du miel sur ton piège pour attraper mon cœur"

Eh bien voilà ! Tout ça c'est de la diatribe...
Elle est comme ça, Célimène...
Elle aime avoir beaucoup d'amoureux
Qui font "Nanana" des manières
Oh oui mais tout ça c'est bien triste
Et ça donne envie de partir
"Et chercher sur la terre un endroit écarté
Où d'être homme d'honneur on ait la liberté"
Comme il a dit un copain à moi
Seulement voilà y en a pas
Tout est loué depuis Pâques
Alors qu'est-ce que tu veux faire ?

L'ANGE

Paroles et musique de Boby Lapointe

Su' l' trottoir, j'ai rencontré
Un ange descendu des cieux
Su' l' trottoir, j'ai rencontré
Un bel ange aux yeux bleus
J'étais sorti dans la rue
Pour acheter des allumettes
Soudain, il m'est apparu
J'ai perdu la tête
Bête.

Quand j'ai vu dans ses grands yeux
Les doux reflets du paradis
Ses grands yeux d'un bleu si bleu.
Le bleu du paradis
Pour passer inaperçu
Il n'avait pas pris ses ailes
Et tout d'abord j'avais cru
Une demoiselle belle

Mais j'ai vu dans ses grands yeux
Les doux reflets du paradis
Ses grands yeux d'un bleu si bleu
Le bleu du paradis
Pour vêtir son corps mignon
Dans un bout de blanc nuage
Il s'était taillé jupon

Et gentil corsage
Sage.

Su' l' trottoir, j'ai rencontré
Un ange descendu des cieux
Su' l' trottoir, j'ai rencontré
Un bel ange aux yeux bleus
De sa radieuse auréole
S'était fait une ceinture
Mais autour de sa figure
Vol'taient boucles folles
Drôles.

Su' l' trottoir, j'ai rencontré
Un ange descendu des cieux
Su' l' trottoir, j'ai rencontré
Un bel ange aux yeux bleus

Al Coda
Soudain passe un Monsieur bien
Bien vêtu mais gueul' minable
L'ange a murmuré "Tu viens ?"
- Combien ? - Cinq cents balles
Diable.

Et tous les deux ils sont partis
Mon ange descendu des cieux
Mon ange bleu du paradis
Et le vilain Monsieur.

LA PEINTURE A L'HUILE

Paroles et musique de Boby Lapointe

La peinture à l'hawaïle
C'est bien diffic' hawaïle
Mais c'est bien plus beau
Dalida la di a dadi
Que la peinture à l'eau

Ah ! A lo a
Ra pe ti pe ta pe ti pe ti pe to
Ra pe ti pe ta pe ti pe ti pe to
Ca ra bi de ca ra bo
Rien n'est plus beau que la retraite aux flambeaux
Sauf peut-être ma cousine Berthe
Qui s'est fait une indéfrisable
Elle est admirable, on en mangerait
Un tout petit peu tout petit tout petit peu

C'est un jeu fac' hawaïle
On fait deux vers en' hawaïle
Et puis l'on termine
Dalida la di a dadi
Par plaisanterie fine
A l'eau d'seltz
Ra pe ti pe ta pe ti pe ti pe to
Ra pe ti pe ta pe ti pe ti pe to
Ca ra bi de ca ra bo

Rien n'est plus beau que la retraite aux flambeaux
Sauf peut-être ma cousine Berthe
Qui s'est fait faire une indéfrisable
Elle est admirable, on en mangerait
Un tout petit peu tout petit tout petit peu

Les automob' hawaïle
Dans les rues def' hawaïle
C'est moins rigolo
Da li da la di a da do
Qu' les pédalos à l'eau
Ah ! A lo a
Ra pe ti pe ta pe ti pe ti pe to
Ra pe ti pe ta pe ti pe ti pe to
Ca ra bi de ca ra bo
Rien n'est plus beau que la retraite aux flambeaux
Sauf peut-être ma cousine Berthe
Qui s'est fait faire une indéfrisable
Elle est admirable, on en mangerait
Un tout petit peu tout petit tout petit peu

Faut pas s'fair' de b'hawaïle
C'est bien inut' hawaïle
Et ça rend morose
Da li da la di a da di
Vaut mieux s'fair' aut' chose
Ah ! A lo a
Ra pe ti pe ta pe ti pe ti pe to
Ra pe ti pe ta pe ti pe ti pe to
Ca ra bi de ca ra bo

Rien n'est plus beau que la retraite aux flambeaux
Sauf peut-être ma cousine Berthe
Qui s'est fait faire une indéfrisable
Elle est admirable, on en mangerait
Un tout petit peu tout petit tout petit peu
Un tout petit peu tout petit peu
Un tout petit peu tout petit peu
Un tout petit peu tout petit peu
A l'hawaïle
Hmh !

J'ai un cro cod' hawaïle
Qui est très in doc' hawaïle
Il se cache à l'eau
Da li da la di a da di
Comme les cachalots
Ah ! A lo a
Ra pe ti pe ta pe ti pe ti pe to
Ra pe ti pe ta pe ti pe ti pe to
Ca ra bi de ca ra bo
Rien n'est plus beau que la retraite aux flambeaux
Sauf peut-être ma cousine Berthe
Qui s'est fait faire une indéfrisable
Elle est admirable, on en mangerait
Un tout petit peu tout petit tout petit peu

LA QUESTION NE SE POSE PAS

Paroles et musique de Boby Lapointe

La question ne se pose pas
La question ne se pose pas
La question ne se pose pas

Je f'sais réchauffer des paupiettes
De veau, quand j'ai senti la mitraillette
Bang bang, dont tu me menaçais fillette
Bang bang, en me disant : "T'es sous ma loi"
Ah ah ah ah !
Et je suis resté coi
Et je suis resté quoi?
La question ne se pose pas *(3 fois)*

Emu, j'ai baissé les paupiettes
Su' l'gaz, car tu me cherchais la p'tite bête
Hum hum, en m'arrachant jusqu'aux chaussettes
Hum hum, tu m'as même oté mon sang froid.
Ah ah ah ah !
Et je me tenais coi
Et je me tenais quoi?
La question ne se pose pas *(3 fois)*

Que s'est-il passé dans ta tête ?
Tu as pris la poudre d'escampette
Sans explication est-ce bête
Sans raison tu m'a planté là
Ah ah ah ah !
Sans plus me dire quoi
Sans plume d'Iroquois,
Je pense bien !
Dans cette tenue
Une plume d'Iroquois,
Qu'en aurai-je fait ?
La question ne se pose pas *(3 fois)*
AH !

LA RIME A RI

Inédit de Boby Lapointe

Ma chère amie Marie
Avant-hier mardi
Au bar de la mairie
J'aperçus ton mari
Qui jouait au rami
Avec l'ami Rémi.
Quand l'enjeu fut tari
Ton mari en remit
Puis il en re-remit.
Puis il en re-re-remit
Quand il eut tout tari
Il dit au beau Rémi
"Plus de rami, ami,
J'ai marre du rami,
Je perds tous mes paris
J'ai trop trompé Marie :
Avec Mata-Hari,
Avec la Du Barry,
Avec le Tout-Paris,
Une Hindoue sans sari,
Une vieille otarie
Qui était un peu pourrie,
(Elle avait des caries
Et l'air d'un canari.)

Une Houri mal nourrie
Qui avait un panaris
Et d'autres avaries,
Et bien d'autres souris,
Mais j'en suis fort marri.
C'en était trop, je crie :
"Oh ! tu charries, chéri !

Vas donc, eh ! mari honnête !"

Et ton mari
                    marri
                              m'a ri,
                                        Marie

LA YOUPI !... ALLEZ

Inédit de Boby Lapointe

Comme il avait un cor, il prit l'autobus
Et la receveuse maligne
Qui avait remarqué son p'tit air minus
Pour rire l'appela "Bout de ligne"
"Ah ! dit-il mad'moisell' mon nom c'est Boudassié
Et je ne voudrais point que vous le boudassiez"

Refrain :
Car... pour... la... "Youpi, Allez"
Je ne suis pas estropié
Je suis le "Youpi-allez"
Des femmes de mon quartier
Je leur fais "Youpi, allez"
Et c'est le pied
J'ai le secret, j'ai le biais
Si des pieds plats m'épiaient
Ils en s'raient pour leurs pieds
Dans c'que j'ai dit grapillez
Ce n'est pas sur papier
Que j'vais vous l'recopier
Lui contant ses fredaines au bout d'un quart d'heure
Il avouait "je crains Hélène" (crin et laine)
Pour rir' la receveus' dit
"Vous êt' cardeur'"
Il lui répliqua tout d'une haleine (une alène)

Sachez-le mad'moisell'
je suis matelassier
Et je vous materai comm' je mate l'acier

(Au refrain)

La pauvre receveuse de l'R.A.T.P.
Que ces parol' dur' émurent
Lui dit dans un murmur' d'un air atterré
De moins durs me voulur' et m'eurent
- Ce que vous me dites là mon petit rat, m'assied
- Mais... j'ai perdu le fil faut qu'vous le ramassiez
... Ah ! Ça y est ! je l'ai retrouvé !

Refrain

Ouais... pour... la... "Youpi, allez"
Je ne suis pas estropié
je s'rai le "Youpi-allez"
D'une femme d' vot' quartier
Je vous f'rai "Youpi, allez"
Ça s'ra le pied

Ça n'sera jamais râpé
Mêm' s'il me faut... la paix
Pour vous donner la paix

C'que j'ai dit c'est pas pompier
Mais c'n'est pas sur papier
Que j'peux vous l'recopier...
... du mur

LE BEAU VOYAGE

Paroles et musique de Boby Lapointe

Nous avons fait un beau voyage
Beau beau beau beau beau mais j'enrage
J'vous rapportais d'Montélimar
Devinez-quoi ?
Oui, des nougats d'Montélimar
Seul'ment voilà
J'les ai posés
Sur la banquette dans l'train
Un importun est v'nu m'causer
Il s'est assis et m'a cassé
Les nougats
Petit dégât
Mais c'qui est plus triste
C'est qu'mon beau-frère qui est un artiste
Les a r'collés puis revendus
Au prix d'la colle on y a perdu
Qu'en pensez-vous ?
Le monde est fou (bis)
Le monde est fou, fou, fou.

Ah oui le merveilleux voyage
Mer-merveilleux mais quel domma... ge
En Arles où sont les Alyscamps ?
Où sont-ils donc ?
Toujours pas dans les confis'ries

J'en aurais pris quelques kilos
Et cent grammes pour ma sœur
Mais l'confiseur
Ce petit sot
M'a envoyé dans un cim'tière
Aboli
C'est du joli
Et c'qui ya d'plus bête
C'est qu'mon beau-frère qui est un poète
A parlé de les mettre en vers
Des Alyscamps verts, à quoi ça sert ?
Qu'en pensez-vous ?
Le monde est fou (bis)
Le monde est fou, fou, fou.

Comme elle est belle notre France
Mais maint'nant fini les vacances
Je vais reprendre le collier
De ma bell' sœur
Chez l'bijoutier qui l'a arrangé
Ma belle sœur
Figurez-vous
S'est fait monter le cou
Par je n'sais qui
Et alors depuis
Son collier d' perles est trop petit
En hauteur
Petit malheur
Mais c'qui a d'plus grave
C'est que mon beau-frère qui est bien brave

Lui a fait mettre cinq rangs de plus
C'est égyptien, ça n'se fait plus !
Qu'en pensez-vous ?
Le monde est fou (bis)
Le monde est fou, fou, fou.

LE MAITRE

Inédit de Boby Lapointe

Le maître,
Le seul, le vrai,
Celui dont les talons en platine irradié
Sont déposés au pavillon de Breteuil à Sèvres :

C'est moi.
Croix de fer, croix de bois,
Si je mens, faut pas vous en faire !
Et j'attends qu'on me prouve le contraire !

A bon entendeur, salaud !
Que la bonne en tandem m'apporte la salière,
Et qu'un esclave noir me crache dans le dos,
Sinon je mets les pieds dans la grande soupière,
Car le maître :
C'est moi.

LENA

Paroles et musique de Boby Lapointe

Lena toi qui es loin plus loin qu'Angoulême "ème"
Lena je veux te dédier un poème "ème"
J'suis pas poète mais j'vais essayer quand même "ème"
Ah faut-il que faut-il que je... faut-il que je...
Dès aujourd'hui pour m'attaquer au problème "ème"
J'me suis levé dès le petit matin blème "ème"
Se lever tôt, pour moi qui suis... si bohème "ème"
Ah ! Faut-il que je... faut-il que je...
Oui !

Lena Lena Lena Lena je
Lena Lena je Lena je... je... je...
Lena Lena Lena Lena je
Lena Lena
Oui !

Pour m'inspirer j'me suis fait un café crème "ème"
Mais par erreur je l'ai sucré au sel "gemme" "ème"
C' n'était pas bon, ma foi je l'ai bu quand même "ème"
Ah faut-il que faut-il que je... faut-il que je...
C'est malheureux je n'ai pas trouvé de thème "ème"
J' t'aurai fait un truc avec des rimes en "ème" "ème"
Tu aurais compris que c'était un stratagème... "ème"
Pour te dir' que... te dir' que je... te dir' que je...
Oui !

Lena Lena Lena Lena je
Lena Lena je Lena je... je... je...
Lena Lena Lena Lena je
Lena Lena
Oui !

OUI DANY

Boby Lapointe

Toi qui es loin, très loin plus loin qu'Angoulème
J'ai bien envie de te dédier un poème
J'suis pas poète mais j'vais essayer quand même
Ah faut-il que... je...
Dany O... Dany je... Oui Dany
Dany O... Dany je... Oui Dany
Dany Dany Dany
...

Version originale de Lena, Mars 1959

LE PAPA DU PAPA

Paroles et musique de Boby Lapointe

Le papa du papa du papa de mon papa
Etait un petit pioupiou
La maman du papa du papa de mon papa,
Ell', ell' était nounou
Lui son nom, c'était Aimé Dépêch'
Et elle s'appelait Amélie Vite
Et attendez, attendez vous allez voir la suite...

Le papa du papa du papa de mon papa
S'affolait pour les mollets
D'la maman du papa du papa de mon papa,
Qui rêvait de convoler
Quand Aimé lutinait les jolis
Mollets moulés de la molle Amélie
Ell' frétillait, tortillait comm' l'anguille alanguie

Et de fil en aiguill' il est arrivé ce que vous pensez
Aimé a pris d'assaut les faveurs qu'Amélie voulait lui refuser
Mais l'papa du papa du papa de mon papa
A dit : "J'suis pas un pourceau
J'voudrais pas qu'à cause d'un faux pas un' fill' tombât
Dans l'opprob' du ruisseau
J'vais d'ce pas demander à son papa
La main de la belle Amélie Vite

Qui de ce fait va devenir Amélie Dépêche"

Et leur fils, le papa du papa de mon papa
Qu'on nomma : Yvan Dépêche
Eut pour fils mon grand'papa Guilo qui était un saint
C'était Saint Guilo Dépêch'
Qui en bégayant eut trois jumeaux :
Mon papa, mon tonton Dédé Dépêche
Et ma tata qui s'appell' Dépêch' Al-Aline

Tante Aline épousa un Noyau et eut pour fille Amédée
Noyau Dépêch'
Amédée épousa un "Bossac" pour devenir Bossac de
Noyau Dépêch'
A un fils doté de trois prénoms
En souvenir de ses glorieux ancêtres

Yvan-Sévère-Aimé Bossac de Noyau Dépêche
(C'est mon cousin)
Yvan-Sévère-Aimé Bossac de Noyau Dépêche

LE POISSON FA

1ère version

Paroles et musique de Boby Lapointe.

Il était une fois
Un poisson fa.
Il aurait pu être poisson-scie,
Ou raie,
Ou sole,
Ou tout simplement poisson d'eau,
Ou même un poisson un peu là,
Non, non, il était poisson fa :
"F" comme "Funiculaire"
"A" comme la Tour Eiffel.
Un poisson fa,
Voilà.

Il n'avait même pas de dièse,
Et s'en trouvait fort aise ;
"C'est un truc, disait-il, à laisser à l'écart,
Après, pour l'enlever, il te faut un bécarre,
Et un bécarre, c'est une chaise
Qui a un air penché et pas de pieds derrière ;
Alors, très peu pour moi, autant s'asseoir par terre,
Non, non, non, pas de dièse !
Quoi vous auriez le front de trouver cela beau,
Un dièse qui vous suit partout comme un cabot ?"

Comme il disait ces mots, passait sur le trottoir
Un cabot très truité, qu'il avait vu trop tard,
Et qui avait ouï la fin de la harang'e.
"Ut ! dit Fa in petto. J'ai mal tenu ma langue !
Ça pourrait me coûter poisson !"
(C'est comme ça qu'on dit en langage poisson,
On ne dit jamais : cher, on dit toujours : poisson).
"Je crois bien que j'ai mis la queue dans la
saucière !"
(Encore une expression de ce langage-là
Qu'on emploie au lieu de : "mis les pieds dans le
plat").
Mais le cabot hautain, passait sans sourciller.
Cependant, quand il fut passé plus qu'à moitié,
D'un grand coup de sa queue, Il te souffleta Fa
Et Fa, assez froissé, partit cahin-caha :
Il s'en allait noyer son dépit de poisson
Au débit de boissons.

Moralité :
Quand tu sens le poisson passer,
Ta bouille abaisse.

LE QUINCAILLIER

Inédit de Boby Lapointe

La dame avait ôté son manteau de vison
Et comme d'habitude elle voulu le suspendre
A droite de l'entrée, là où sont les patères
Fixées au mur par deux piteux petits pitons
Si mal que, cette fois, ça ne peut nous surprendre,
Sous le poids du vison elles tombèrent à terre.
Et la dame que ces patères à terre atterrent
Appelle Maria, sa chère camérière.

... Maria, qui n'a pas fait de longues études, ne sait parler qu'en prose et lui dit tout bonnement :

- "Si Madame veut quelque chose de solide, il faut mettre des chevilles pour replanter les pitons. Et là alors ça tiendra ! Vous pourrez accrocher deux visons gaiement."

- "Maria, dit la dame, nous deviserons gaiement quand nous aurons le loisir, pour l'instant préparez le travail, je vais chez le quincaillier chercher les chevilles."

Et la dame va chez le quincaillier et lui dit :

- "Je voudrais des chevilles pour faire tenir les patères avé Maria."

Le quincaillier, qui ne saisis, pas, la regarde comme l'aurait regardé tout autre quincaillier, un peu en-dessous, comme ça.

La Dame

Quand vous aurez fini de m'épier, vous vous occuperez de mes chevilles !

Le Quincaillier

Oh ! quel jeu de mots laids !

La Dame

Je nous le fait pas dire cuiss'tre !

Le Quincaillier

Mais qu'ouillis-je ? Vers ou sexé mots convergent ?

La Dame (se fâchant)

Occu - pez-vous de "ventre", n'ayez d'autres "desseins" !... Tu me con"sternum" qui m'"estomac" "œsophage".

Le Quincaillier

C'est moi qui me fâche ? Ben "glotte" alors ! quel "cou" ! "menton", maintenant.

La Dame (s'impatientant)

Alors ? Ça "bouche" un peu ? A quoi tu "joue" "nez en moins" ?

Le quincaillier, très "crâne" lui fait "front", en lui lançant une épi"tête" que "cheveux" "terre".

"Terre" est la chute de cette histoire. C'est peut-être un peu clavicule, mais pour une chute, il est difficile d'aller plus bas que "terre".

"L'ETE OU EST-IL ?"

Paroles et musique de Boby Lapointe

(Boby)
Tiens v'là, la pluie
Ah ! quel sal' temps
Où est-il l'été ? l'été où est-il ?
Oh ! là mais que vois-je apparaître
En regardant à ma fenêtre
Là cette dame qui vole en voile de nylon
Et qui tient un bâton tout plein rempli d'étoiles
Si cette dame est flic, l'est au moins générale
Non mon enfant je suis la fée
Ah bonjour, Madame la Fée
Mon dieu qu'il est bien élevé cet enfant
Je veux le récompenser
Que voudrais-tu, formule un souhait
J'ai le pouvoir de l'exaucer
Vrai !
Vrai ?
Du bon temps ?
Bon je voudrais qu'on se paie du bon temps
Qu'entends-tu par là mon enfant ?
Du bon temps !
Ben ben ben...

Je voudrais avancer l'été
Eh ! té ch té ! ch té !
Qu'il fasse avant la Saint-Jean bon
Jambon jambon jambon
Qu'il fasse beau dès le dix juin
Dis-joint dis-joint disjoint
Ça s'rait bien s'il faisait beau dès mai
C'est beau dès mai beau d'aimer
Et que cesse enfin cette pluie
Où est-il l'été ?
L'été où est-il où est-il l'été ?
L'été où est-il ?

Qu'il fasse chaud dès mai chaud, oui
Méchoui méchoui méchoui
Qu'il fasse beau dès Pâques beau
Paquebot paquebot
Que le soleil tape en mars tôt
Marteau marteau marteau
Ça s'rait bien qu'il fasse dès l'hiver beau
Délits verbaux ! !
Et que cesse enfin cette pluie
Où est-il l'été ?
L'été où est-il où est-il l'été ?
L'été où est-il?

Si de plus un climat chaud cett'...
Ma chausset' ma chaussett'
... Cette année dès l'automne liait
Tonnelier tonnelier

Tous les étés les uns aux autr'
        Zozot zozot zozot
Ça s'rait le genr' de temps qu'on bénit
        Qu'on bénit Hm hm hm
Surtout qui aurait plus cette pluie
Où est-il l'été ?
L'été où est-il où est-il l'été ?
L'été où est-il ? Ah ! ff ! ah ! eh ff !

(La Fée)
Mon enfant ne soit plus' haletant
        (Boby)
        Sal' temps sal' temps sal' temps
Ton joli souhait m'a beaucoup plu
        Beaucoup plu, beaucoup plu
Et je vais pouvoir l'exaucer
        Saucé saucé sau-cé
Oui, je peux oui, ce pouvoir je l'ai
        Gelé gelé gelé
Abracadabra
Cesse pluie soleil d'été resplendit
        Oh !

(Boby)
Miracle un astre éclatant
Irradie rose au firmament
Ah dis donc quelle affair' papa
C'est madame la fée qu'a fait ça
        Alors Heureux
Oh oui madame la fée

Charmant enfant
Merci madame la fée
Et si poli ! Adieu mon enfant
Au revoir madame la fée
Charmant
Eh ! le bonjour à Monsieur la fée
Crétin ! tiens !
(L'orage éclate à nouveau)
Tiens v'là la pluie !

LE TRIPIER

Inédit de Boby Lapointe

(Au début, jeu de scène improvisé, selon les circonstances : il entre, comme poussé en scène et, ou il paraît embarrassé un moment et attrape le texte suivant, ou il essaie de remonter en marmonnant à la cantonade et est repoussé à chaque fois ; ou encore, il commence à plusieurs reprises une chanson dont il ne connaît que le début.)

"J'aime mieux tout vous dire... on m'a mis là comme un bouche-trou... et... je ne suis pas bouche-trou... je suis tripier... bouche-trou, c'est pas mon métier, je veux bien faire le bouche-trou, en amateur : amenez-moi des trous, je vous les boucherai... gracieusement... c'est pas mon métier : je ne fais pas payer... mais... ne venez pas me dire après "c'est pas ça que je voulais, ceci, cela, le reste..."

Je vous ai prévenu : bouche-trou, je ne suis qu'amateur, ce n'est pas mon métier : mon métier, c'est "trie-pieds". Je trie les pieds : amenez-moi des pieds, je vous les trie... mais alors là, en professionnel, c'est-à-dire, en faisant payer, et en vous garantissant du travail bien fait. Là, je vous fais payer puisque c'est mon gagne-pain de trier les pieds.

Evidemment, si vous n'avez qu'un ou deux pieds à trier, il vaut mieux que vous le fassiez vous-même... parce qu'au détail, ça revient cher... C'est bien fait pour vos pieds, mais c'est cher.

Si vous m'apportez juste une paire de pieds à trier : quand j'aurai mis le gauche d'un côté et le droit de l'autre, qu'est-ce que vous voulez que je fasse de plus ? Le peu que je vous facturerai vous trouverez ça cher. Et pourtant, il faut bien que je gagne ma vie.

Non, deux pieds, ça ne vaut pas le coup. C'est pas avantageux de travailler aux paires. Même si vous m'en laissiez un pour payer l'autre, je ne m'y retrouverai pas... même un grand : que voulez-vous que j'en fasse, je n'ai pas les moyens de vivre sur un grand pied. Ce qu'il me faut, c'est la quantité : je trie les pieds par pleines caisses.

Supposons : cette caisse de pieds, la voilà devant moi. Dans notre argot on dit : "je suis à pied d'œuvre". Il s'agit de savoir où je vais mettre les pieds... Ben, je vais les mettre à mes pieds pour les trier, on appelle ça : "mettre les pieds à l'étrier". Il ne s'agit pas de vider la caisse d'un coup. Il faut d'abord trier tout ce qui est pied de ce qui ne l'est pas. Je prends pièce par pièce, je mets tout ce qui est pied à mes pieds, et tout ce qui n'est pas pied, je le jette dans une corbeille qu'on appelle corbeille à pas pieds.

Quand la caisse est vide, j'ai tous les pieds à mes pieds, on appelle ça avoir mis pied à terre. Je vais alors faire la vraie œuvre de tripier, nous dirons je suis à pied d'œuvre... J'ai mis les pieds à les trier, de ce tas de pieds, je vais faire deux parts, comme on dit, je vais l'épar-pied... pied à pied :

Voilà comment je procède :

Je prends mon pied... je l'examine... s'il a l'orteil à gauche, c'est un pied droit, je le balance à gauche, s'il a l'orteil à droite, c'est un pied gauche, ça va à droite, et au suivant... l'orteil à gauche... pied droit... à gauche... teil à droite pied gauche... à droite.

(etc. en allant de plus en plus vite et en mimant la scène de plus en plus rapidement)

... gauch' droit' gauch'
... droit' gauch' droit'
... groit dochgoit-goit-goit...
... Ah ! erreur !

(Il prend un pied d'un côté pour le mettre de l'autre, puis au public :)

"et ainsi de suite"

Quand il ne reste plus que deux pieds à mes pieds, ce sont les miens, je les garde... je me redresse, je fais carrément demi-tour...

(Il le fait et s'adresse au public par-dessus son épaule)

et de la sorte, j'ai tous les pieds gauches à ma gauche, tous les pieds droits à ma droite, et la caisse derrière moi.

De la sorte, je n'ai plus qu'à ramasser les pieds de part et d'autre et à les balancer dans la caisse par-dessus mon épaule.

Puis je me retourne et je dis : "emballé".

Mais me direz-vous, que faites-vous de tous ces pieds ? ben et les fripiers qu'est-ce que vous croyez qu'il font frire ? Devinez ? Puis on exporte aussi en Angleterre, en particulier. Comment vous croyez qu'ils mesurent là-bas ? Ils ne se servent que de pieds... et de pouces. Ça tombe bien, parce que nous pour mesurer on se sert des talons, alors on leur envoie les pieds et les pouces et on garde les talons.

L'ennui avec les Anglais, c'est quand ils commandent par téléphone. D'abord, il paraît qu'ils ont tous appris le français à la hâte, du côté de Proxim. Je ne sais pas où est Proxim, ni pourquoi les Anglais sont si hâtifs. Mais ces gens qui ont appris le Français à Proxim, hâtifs, sont bien difficile à comprendre.

Surtout quand ils commandent des pieds en parlant du nez. Ça fait deux conversations à suivre, c'est dur, c'est durillon.

L'autre jour, je réponds :

- "Je ne vous comprends pas, vous parlez du nez.
- No, qu'il me fait (ça veut dire non) pas de nez ! Douze pieds ! Pas né !
- 12 pieds panés ?"

Alors là, je ne sais pas ce qui lui a pris, il m'a traité de "Wat is it".

Moi, je ne me laisse pas monter sur les pieds :

- "Wat is it moi, et bien toi : ouate hydrophile ! et puis vas t'fair' fout'
- Foot, yes ; foot, mettez m'en douze."

Alors là, heureusement que le patron est arrivé sur ses entrefesses. Moi je tournais le dos, je croyais qu'il était venu à pied comme d'habitude. Mais tous les copains sont formels, il est arrivé sur ses entrefesses. Il m'a pris le téléphone juste à temps... parce que j'allais gaffer. Le client en question est un Anglais très bien ; un photographe, sa femme est très bien aussi... excellente famille. Et c'est pour elle qu'il commandait ses pieds. Peut-être qu'il veut lui faire une photo en pieds ? Ou alors, avec douze pieds, il pourrait lui faire un petit Alexandre, hein ?

Enfin, heureusement que le patron a rattrapé la commande, parce qu'il ne faut pas croire que vendre des pieds c'est toujours du nougat.

Alors pour terminer la journée, je prends la voiture pour livrer nos bons pieds, la rouge, la voiture à bons pieds.

J'y mets de l'essence ; la shell à bons pieds. Je charge tous les pieds triés de la veille et je vais les livrer.

Les sales à l'hôpital, de sales pieds triés hier, et les propres au syndicat des propres pieds triés hier. C'est facile à faire mais c'est difficile à dire.

Après quoi, je rentre chez nous, j'aperçois de loin ma femme qui est toujours à la fenêtre... pour m'épier. J'arrive, et tout est réglé comme un pied à musique, ma bonne Berthe a tout goupié. Je mets les miens sous la table, devant un plein bol de mon plat préféré, pas de soupe... (je ne suis pas soupié)... des nougats que je savoure en grande pompe, avec mon chausse-pied inoxydable.

Des fois, avant d'aller roupier, on regarde la télé. Dernièrement, j'ai vu "un tel" qui joue (ou qui chante) comme... très bien... très bien... très bien...

LE TROUBADOUR
(OU “LA CRUE DU TAGE”)

Paroles de Boby Lapointe
Musique de Robert Jaïs et Boby Lapointe

Dans les flots un poulet de la P.J.
Soutenait le corps beau à peau lisse
D’un’ belle fille qui pensait “comme y’serre”
Et pourtant il n'était qu'inspecteur (oui)
Et chantait en nageant
Pour se donner de l’entrain
Ce suave refrain
Ces propos engageants (de police)

Refrain :

Viens t’allonger sur l’herbe tendre des prés
(patatrac)
Je te ferai des gentillesses
J’ t’enivrerai de langueur, de volupté
(Tra la la)
De doux baisers et de caresses
Je suis un tendre troubadour
Et je ne vis que pour l’amour
Oui pour l’amour.

La bell' fille fut émue de ces mots-là
Elle en eut un petit p'tit choc au là
Comme un' fleur d'une voix assez pâle

Comme un' fleur elle lui répéta le
Doux refrain déjà dit
Et puisqu'elle le redit,
Ah, moi aussi je l'redis
Comme ça, ça s'ra dit (rose)

Refrain :
Viens t'allonger sur...

Le poulet barbotant dans le Tage
Retrouva son p'tit cœur de potache
A cell' qui n'avait d'yeux que pour lui, le
Le sieur répétait toute la nuit, le
Toujours même refrain
En caressant le sein doux
D'la petite écuyère
Qui ne trouvait pas ça l'ouch

Refrain :
Viens t'allonger sur...

J'les agripp' en disant quand on est trois
On se sent tout de même moins au large
Et sans me demander les connais-je
Avec eux pour flotter me liais-je
Et nous avons coulé

Des instants de grand bonheur
En sussurant tous les
Trois encore et en cœur, un, deux, trois.

Refrain :
Viens t'allonger sur...

Coda
Avec, avec du poil sous les roses.

LE TUBE DE TOILETTE

Paroles et musique de Boby Lapointe

Pour faire un tube de toilette
En chantant sur cet air bête
Avec des jeux de mots laids
Il faut pondre des couplets
Permets que je te réponde
C'est sûr, faut que tu les pondes
Bon, mais que dois-je pondre ?
Que ponds-je. Que ponds-je.
Pot pot pot pot potpodet pot
Le dernier mot qui t'a servi était : "Ponds-je"
Serviette éponge ! parfait !...
Allez, vas-y, je vais t'aider
J'apprécie quand de toi l'aide
Gant de toilette
Me soutient cela va beau-
Ce lavabo
coup plus vite c'est bien la vé-
C'est bien lavé
rité, ça nous le savons
A nous l'savon
DE TOILET'

Sur ce piano les touches t'y aident
Les douches tièdes
Ton air est bon, mais mon chant point
Mets mon shampooing
Il s'ra peut-êt' pas sal' demain
Salle de bains
Il m'aura en tout cas miné
Ou caminet
DE TOILET'
Eau chaude eau froide eau mitigée
Cette salade, on verra dans
Un verre à dents
Un instant si c'est le bide, et
C'est le bidet
Est-ce à répéter ou à taire
T'es au water
J'aimerais mieux que d'aut' la vendent
Eau de lavande, eau
DE TOILET'
Eau chaude eau froide eau mitigée
Ma face de carême, harassée
Crème à raser
Pour sûr aura ce soir les tics
Rasoir électrique
Ils font rire les gosses mes tics
Les cosmétiqu'
Sur ma gueule d'empeigne à moustache

PEIGNE A MOUSTACHE...

CRÈME À RASER

SERVIETTE EPONGE

COSMÉTIQUES

RASOIR ÉLECTRIQUE

CHANSON DE TOILETTE TRÈS POÉTIQUE

TOC

L'HÉLICON

Paroles et musique de Boby Lapointe

Mon fils tu as déjà soixante ans
Ta vieill' maman sucre les fraises
On ne veut plus d'elle au trapèze
A toi de travailler il serait temps.
Moi, je veux jouer de l'hélicon
Pon pon pon pon

Dans not' petit cirque ambulant
Il y a déjà un hélicon
Choisis donc plutôt d'être clowo'n
Ou acrobate comm' ta maman
Non, j'veux jouer de l'hélicon
Pon pon pon pon

N'en parlons plus mauvaise tête
Tiens va donc voir la femme tronc
Port' lui ces haricots d'moutons
Non maman je n'veux pas que la tronc pette
Je veux jouer de l'hélicon
Pon pon pon pon

Mon fils tu es bien polisson
De te moquer d'la femme tronc
La femme tronc qui est si bonne
Eh ! maman que m'importe les troncs bonnes

Je veux jouer de l'hélicon
Pon pon pon pon

Laisse donc cette femme tronc
Qui a pourtant un beau tuba
Et va trouver l'homme serpent
Tu pourras jouer avec au boa
Pas du hautbois de l'hélicon
Pon pon pon pon

Eh bien, y'a ton ami Elie
Qui n'est pas très intelligent
Si tu veux va jouer avec lui
Eh maman c'est pas ça l'vrai instrument
Moi j'veux jouer de l'hélicon
Pon pon pon pon

Ah ! tu m'énerv's,
Ah ! c'en est trop
Tiens : pan pan pan boum, toc il tombe
Ell' l'a tué à coup d'marteau
Et l'on a fait graver dessus sa tombe
"Il voulait jouer de l'hélicon
Pon pon pon pon
Con"

L'IDOLE ET L'ENFANT

Paroles et musique de Boby Lapointe

Je suis une idole et tu n'est qu'une enfant
Je suis une idole adulée par mes fans
Malgré tout j'ai gardé mon âme d'enfant
Ces gestes pervers, je te les défends

Refrain :
Hmm, arrêtes, arrêt'
Hmm, ne me touch' pas
Je suis une idole et tu n'es qu'une enfant
Hmmm !

Je n'suis pas un ange : l'idol' n'a pas d'ailes
Je trépigne quand mes fans font du zèle
Je n'ai pas de pitié pour les zélés fans
Et parfois je sonne un de mes jolis fans

(Refrain)

Je n'suis pas le premier dans ce genr' d'idole
Y a un nommé Don Juan qu'en a fait de drôles
Paraît même qu'il avait des fans au Carmel
Et qu'il s'en dégoûtait comme des flans natures

(Refrain)

N'oublie pas Adèle : ton père il est Maire
Et l'édile a dit de l'idylle de l'idole :
"L'Adèle l'adule, c'est pas l'idéal"
C'est une boutade qui a un goût amer

(Refrain)

Allez oublie-moi, je n'suis pas dans l'besoin
J'ai cent mille fans, je m'appell' Chichourle
Sèche donc tes larmes, oh dis oh ! eh ! hein !
Ne sois pas jalouse des fans de chichourle

(Refrain)

LUMIERE TANGO
(Loumière Tango)

Paroles et musique de Boby Lapointe

Ma qué c'est la loumière Tan-go
Y les mousiciens zouent Tango
Yo souis dou pays del tan-go
Y yo lo boudrais danser
(Si si si si)

Yo distingué ouna chiquita
Mon beau regard noir l'invita
Ma qu'avec oun'grace esquiss'
Ell' me dit : "Yo l'ai promis",
(Hay hay hay hay)

Et pour pas manquer la danse
Yo m'incline vers sa sœur
Belle comme oune contrebasse
Avec un' chapeau à fleur

La la la de mi amor
La la la tu corason
La la la de tu amor
La la la de mi corason

A... Pres le tango il vient oune raspa
Et yo ne peux plus décoller de ses bras
Avec tout le poids de son corps bien garni

Ell' saute à pieds joints sur mes souliers vernis

Et yo n'ai jamais fini
De danser de sous sa loi
Bientôt mes souliers vernis
Ne le sont pas plus que moi

Yo n'a yamais ou de sance
Moi qui suis un Arzentin
Depuis que ye suis en France
Per l'amour... yo fais "Tintin"

Si es que yo lo digo
Lo repetira usted
Pero si no lo digo
No se le repetira

Y si no lo digo you
Ninguno podra oir
Y si no lo puede oir
No se le repetira

Oui da, ouida, da, da

Ma que revient louièr' Tango
Les mousiciens rezouent Tango
Et soudain yo m'aperçois, si
Que monte en moi un émoi
(Si si si si)

Un émoi qui grossi, grossi
Ma cabalière aussi rosit

Contre moi son beau corps tant gros
Tangue au rythme du Tango
(He he he he)

Ma qu'elle a un beau collier
Ma que voilà l'escalier
Que ça nous monte au premier
Les salons particouliers !

La la la de mi amor
La la la tu corason
La la la de tu amor
La la la mi corason

Et là yo lui fais une proposition
Ma qu'ell' dit : "Bous êtes un grand polisson"
Et ça voulait dire que z'ai permission
De lui procurer beaucoup de grands frissons

J'ai montré tout mon savoir :
La bebete qui monte qui monte
El mille pattes paillard
El perroquet qui sanglote

La brouette yaponaise
La marmite à tourniquet
El tournedos Béarnaise
El derviche à grand braquet

Si es que yo lo digo
Lo repetara usted

Pero si no lo digo
No se le repetara

Y si lo lo digo yo
Ninguno podra oir
Y si no lo puede oir
No se le repetara

Oui da, ouida, da, da

Que se me souviendrais tout l'temps
De ce Tango à Mille Temps
(Si, si, si, si)

MADAME MADO M'A DIT

Paroles de Michel Muller
Musique de Boby Lapointe

Madame Mado m'a dit
Ne venez pas mardi
Car il y'a mon mari
Qui revient mercredi
Venez donc vendredi
Mais alors moi je dis
Je viendrai si ça m'dit dimanche

Madam' Mado c'est ma voisine
Et la copin' de ma cousine
Ell' turbin'nt dans la même usine
Ell' font des couteaux de cuisine,
A manch' de corne.
A propos d'corne, ma voisine,
A un mari qui ne lésin'
Pas sur ses dépens's de benzine
Il a un' grosse limousine
Et un bicorne

Refrain

Madam' Mado ell' me fascine
Avec ses œillades assassines,
Et ses deux seins qui se dessin'ent

Sous son maillot à la piscine,
J'en perds le nord
Ell' voudrait bien que j'assassin'
Son vieux mari qui s'enracin'
Pendant que moi je me calcin'
D'amour pour ell' sous la glycine
Et j'ai bien tort

Madame Mado m'a dit
Ne venez pas mardi
Car il y a mon mari
Qui revient mercredi
Venez donc vendredi
Mais alors moi je dis
Je viendrai si ça m'dit
Manche
de pelle à gâteau

MARCELLE

Paroles et musique de Boby Lapointe

Elle a l'œil vif, la fesse fraîche et le sein arrogant !
L'aut' sein, l'autre œil et l'autre fesse itou également !
Mais ça n'est pas monotone,
Et même si c'est l'automne,
Je m'écrie, en la voyant :
"Tiens, voilà l' printemps !"

Refrain :
Marcelle,
Si j'avais des ailes,
Je volerais grâce à elles,
Marcelle,
Vers la plus belle
Des jouvencelles,
Celle qui a pris mon cœur :
Ta petite sœur...
Poum ! Poum !

Je poserais sur sa bouche un baiser farouche
Puis, je baisserais les stores, à cause des mouches !

Pourquoi cet œil noir, Marcelle ?
J'ai pourtant fait la vaisselle...
N'aimerais-tu pas ta sœur ?
N'as-tu pas de cœur ?
Marcelle,
J'ai fait la vaisselle,
J'ai descendu la poubelle,
Marcelle,

J'ai mis du sel' - e
Aux vermicelles
Quoi tu aim's mieux les nouilles au beurr'
Moi je préfère ta sœur
Poum ! Poum !

Je partirai comme les cloches, le vendredi saint
Mais au lieu d'aller à Rome, j'irai à Pantin
Je ne m'occuperai pas des flics,
Quand on vole c'est logique
Y a pas de plaque minérale itou
les flics on s'en fout.

Refrain
Pour que ta mère ne me voie pas
(elle me dirai deux mots)
Je survolerai très haut la route de Meaux.
Puis je me poserai peut-être
Sur l'appui de la fenêtre
De la chambre de ta sœur
Et si elle a peur.
Marcelle
En jouant des prunelles,
Je lui chanterai des ritournelles
Marcelle,
Jusqu'à ce qu'elle trouve naturel
Que je monte chez elle
Sans sa sœur
Et sans ascenseur.
Poum Poum.

MÉLI-MÉLODIE

Paroles et musique de Boby Lapointe

Oui, mon doux minet, la mini,
Oui, la mini est la manie
Est la manie de Mélanie
Mélanie l'amie d'Amélie...
Amélie dont les doux nénés
Doux nénés de nounou moulés
Dans de molles laines lamées
Et mêlées de lin milanais...
Amélie dont les nénés doux
Ont donné à l'ami Milou
(Milou le dadais de Limoux)
L'idée d'amener des minous...
Des minous menus de Lima
Miaulant dans des dais de damas
Et dont les mines de lama
Donnaient mille idées à Léda...

Léda dont les dix dents de lait
Laminaient les mâles mollets
D'un malade mendiant malais
Dinant d'amibes amidonnées
Mais même amidonnée l'amibe
Même l'amibe malhabile
Emmiellée dans la bile humide
L'amibe, ami, mine le bide...

Et le dit malade adulé
Dont Léda limait les mollets
Indûment le mal a donné
Dame Léda l'y a aidé !
Et Léda dont la libido
Demande dans le bas du dos
Mille lents mimis d'animaux
Aux doux minets donna les maux...

Et les minets de maux munis
Mendiant de midi à minuit
Du lait aux nénés d'Amélie
L'ont, les maudits, d'amibes enduit
Et la maladie l'a minée,
L'Amélie aux dodus nénés
Et mille maux démodelaient
Le doux minois de la mémé
Mélanie la mit au dodo
Malade, laide, humide au dos
Et lui donna dans deux doigts d'eau
De la boue des bains du Lido
Dis, là-dedans, où est la mini ?
Où est la mini de Mélanie ?...
- Malin la mini élimée
Mélanie l'a éliminée

Ah la la la la ! Quel méli mélo, dis !
Ah la la la la ! Quel méli mélo, dis !

MOI, LE PHILOSOPHE ET L'ESTHETE

Paroles et musique de Boby Lapointe

Nous étions trois
J'commenc' par moi
Moi que l'on traite de poèt',
Car je fais des vers,
Un nivernais
... Très raffiné
Surnommé, Oh ! qu'c'est bêt'
L'esthète de Nevers
J'ai tout dit sauf
- Le Philosph'...
Je vous présent'
Trois dillettan-tes
Et j'vous dis :
- Nous : moi, le Philosophe et l'esthète, aimons qu'un'
Présentation
S'fass' sans façon

C'était l'été
Et telle était
Notre soif de tout c'qui est aqueux
Même un piano
Aurait été
Par nous tété

Avec félicité Si licit c'eut été
Même illégal
    Quel vil régal
Nous eussions fait
    D'un jus d'fluxion... frais
Et j'vous dis
- Nous : moi, le philosophe et l'esthète, aimons qu'un'
Soif à ce point
    Ça n'se fass' point

Mais v'là t'y pas
    ... Qu'là à dix pas
Je vois des mûr's mûrs
    Sur un mur, et je murmur' :
A m'y hausser
    ... Amis osez
En poussant par en d'sous mes souliers souillés
Quand j'suis su'l faîte
    ... Un' suisse helvète
Me dit : Sach' qu'cette
    Chos' ça s'achète
Mais j'lui dis :
Nous : moi, le philosophe et l'esthète aimons qu'un'
- ne faç' de fess'
    Se pass' de pez

Elle se fâche
    Et là c'est vache
Sous l'séant, m'enlaçant sal'ment, Ah ! l'sal'moment !
Ell' me bascule

Et m'émascule
"Quel sang qu'on perd !" Dis't mes compèr',
"Lampons-le de pair"
Ell' les repousse
Pour lier ma bourse
D'un fil à plomb
Ah ! quel vil aplomb
Mais j'lui dis :
Nous : moi, le philosophe et l'esthète aimons qu'un'
Fausse asepsie
S'fasse à ces p'tits...
Bobos

MON PERE
ET SES VERRES

Paroles et musique de Boby Lapointe

Mon père est marinier
Dans cette péniche
Ma mère dit la paix niche
Dans ce mari niais
Ma mère est habile
Mais ma bile est amère
Car mon père et ses verres
Ont les pieds fragiles

- Avez-vous jamais vu, hein ?
Monter cristaux
Et Baccara sur un
Bateau
Quand père me dit : Va Lise
Sors le cristal
Qui est dans la valise
J'ai mal
Je sors un' coup' du servic'
Pour sa liqueur
Ça nous pousse à quelle heure ?
Vers six
A c'moment la mère monte
Leur cass' les pieds

J'ai pu sans fausse honte
L'épier
Pour ce qui est de l'hygiène
Là nous l'avons
Faut bien sur un bateau
L'avoir
Quand il y a de la julienne
Nous l'avalons
Père essuie ses lattes au
Bavoir
Et puis comme il va boire
Sans son bavoir
Pour l'empêcher mèr' perd
Ses verres
Et quand père remet ça
Sur le tapis
Son cœur pleure mais sa
Bouch' rit

Rugissant par la glotte
"hr-hr" fait l'un
Il a tout du félin
Fait l'autr'
Ma mère à son tour gronde
Fait des "hon-hon"
Ces sons aussi sont de
Lion
Alors mon père traite
De sale amie
Celle qui fut sa mie

Rosette
Que voulez-vous de plus qu'on
Vous serve là
Tout fut dit au bout d'un
Ah ! Ah !

MONSIEUR L'AGENT

Paroles de Boby Lapointe
Musique de Etienne Lorin

Monsieur l'agent, monsieur l'agent...
Monsieur l'agent,
Est-c'que je vais bientôt sortir...
De c'carrefour.
Il y a longtemps, longtemps, longtemps...
Monsieur l'agent
Que je suis là avec ma "tire"...
A c'carrefour.
Chez nous ma femme qui m'attend...
Avec sa mère
Ma r'commandé d'être là à l'heure...
Puisqu'y a sa mère
Et moi qui rapporte le beurre
Pour mettre dans les épinards
Ell' vont me r'procher mon retard...
A - mèr'

Pourquoi ?
Quand le feu est vert
C'est comme quand il est rouge
Personne ne bouge
Je trouve ça louche,

Oh là là quel temps on perd
Je m'énerve,
Je m'énerve,
Je m'éner ner ner ner ner ner ner ve.

Mais qu'est-ce donc que cet agent...
L'agent qui est-ce,
Planté devant mon véhicule...
La jambe en l'air.
Allons, ayez monsieur l'agent...
La gentillesse
De garer votre matricule...
Là j'en dit trop.
Mais la police est sur les dents...
Et l'agent siffle,
L'est pas content que j'le bouscule...
L'agent gît vit'
J'ai beau lui dir' :
"Ma femm' cardiaqu'
Est au lit avec une attaqu'"
Ça lui fait une belle jambe...
O - lie.
Il sort son petit carnet
Pour me fiche un' contre-danse
Et je suis en transe
Mon beurr' sera rance
Avant qu'il ait terminé.
Je m'énerve,
Je m'énerve,

Je m'éner ner ner ner ner ner ner ve.
Au violon mes sanglots longs
Bercent ma peine
J'ai reçu des coups près du colon
J'ai mal vers l'aine.

PARARARA

Paroles et musique de Boby Lapointe

Vant'hier z'étions au cinéma ma femme et moi
On jouait un film exotiqu'
T'y comprends qu'couic
Il s'appelait "Pararara" ratez pas ça
S'agit du gars Ga-gagary Cooper per per
Perdu dans un îlot desert
C'était soi-disant Hawaï oui oui
Mais comm' je connais Hawaï oui oui
Voyant leur leurre j'ai souri
Pararara
Aloa
Ton dit doux pays d'Hawaï n'vaut pas chipet'
On y vit tout comme en ville ou !
Dans tout' l'île on vit en petits bourgeois ou !
Dans les bois il vous arrive des tuiles, oui,
Comme en ville
On y a des aléas, oui !
En plein bois, les aléas quoi ? Les aléas quoi ?
Les aléas de la lôa
Ce film c'est du cinéma

Pourtant ma femme qui avait trouvé le film parfait
Me dit parlant d'Gary Cooper
Permets mon cher
Il est très beau en paréo, il paraît haut

Si tu essayais yé yé de t'habiller yé yé.
Tout pareil de la tête aux pieds
Allons vivre à Honolulu oui oui
J'lui répondis Oh ! non Lulu non non
On est beaucoup mieux à Meudon

PENSE BETE

Inédit de Boby lapointe

Puisse qu'il faut qu'en Avignon
Tu ailles vendre nos moutons,
N'y oublie pas ta Jeanneton.

J'ai fait un nœud à ton mouchoir,
Pour que tu n'oublies pas de revenir ce soir
Un autre à ton pan de chemise
Que tu ne t'oublies pas en folles paillardises.

Les ganses de tes escarpins
Te souviendrons mes yeux, ou mes jambes, ou mes seins,
En touchant ton nœud de cravate
Souviens-toi tout de moi, n'en sois pas écarlate.

Même en attachant tes bretelles,
Suis-je assuré que tu me resteras fidèle ?
Je serais plus sûre de toi
Si je pouvais te faire un nœud à tous les doigts.

Puisqu'il faut qu'en Avignon
Tu ailles vendre nos moutons
N'y oublie pas ta Jeanneton.

PETIT COMMERCE

Inédit de Boby Lapointe

J'ai vendu mon âme au diable
Avecque
Mon piano acqueux
Pour pouvoir acheter une bicyclette à une pédale
Que j'ai voulu essayer sur le chant
Le chant du guardian qui camargue à tous bouts de champs
Mais la bicyclette est allée
M'étaler
Dans les talus de l'allée.
Désolé
De cet incident désagréable
J'envoyai ma bicyclette au diable
Qui pour me consoler
Me fit un cadeau laid :
De belles pompes à semelles compensées
Qu'on pensait
Qu'elles m'iraient
Comme une ventouse scarifiée
A un canard décalcifié
Plus
Un exemplaire
Des œuvres exemplaires

De l'exemplaire
Exupère
Et du fils.
J'étrennerai, décidai-je
Mes chaussures sur l'heure
Mais l'heure était passèje
Et je courus pour la rattrapèje
Bien inutilement d'ailleurs
J'en ai été pour mon beurre.
Ce voyant je courus chez le gars marchand d'heures
Pour y lui marchander deux à trois livres d'heures
J'ai couru tant tout en courroux
Qu'il a fallu que je m'affale
J'étais usé jusqu'aux genoux
Et j'avais les moignons très sales
Et voilà
Voilà à quoi s'attend
De Satan
La tante
Qui tente
Un marché avec ce gars-là
Et bien heureux pour sûr
Qui fit fi de ses chaussures
Et des œuvres exemplaires
De l'exemplaire
Exupère
Et du fils
Et pour ma part, j'en fais le sacrifice :
Je renonce à Satan

A ses pompes
A ses œuvres
Et je commande à Saint-Etienne
Un cycle à mains
Ainsi soit-il.

PETIT HOMME QUI VIT D'ESPOIR

Paroles et musique de Boby Lapointe

Petit homme qui vivait d'espoir
Rencontra sur la butte un soir
Femme-enfant de grande beauté
Fille-fleur aux souliers crottés.

Aussitôt son cœur a bondi
S'est senti l'âme d'un bandit
Y avait du bonheur à ravir
A une fill' belle à ravir
L'aborde et lui dit : Bonsoir...
Je suis l'homm' le plus rich'
J'en ai trop, j'en ai bien pour deux
Et de vous je suis amoureux.

J'ai l'espoir de toujours vous voir
J'ai l'espoir d'bientôt vous avoir
J'ai l'espoir de mettre à vos pieds
Les richesses du monde entier.

A pris ses plus jolis espoirs
Les a mis dans un grand mouchoir
A la belle il les a donnés
Mais la belle les a piétinés.

Elle a dit : “Le truc de l’espoir
On m’l’a déjà fait, pas d’histoires
Offre-moi des réalités
Sinon sur moi faut pas compter”.

Petit homm’ qui vivait d’espoir
A pleuré dans son grand mouchoir
A pleuré tout ce qu’il savait
Et aussi tout ce qu’il ignorait.

Est monté sur la tour Eiffel
Il s’est élancé vers le ciel
Est retombé sur la chaussée
Son sang a tout éclaboussé.

Les passants, de sang tout tachés
Sont allés se faire détacher
Du moment qu’y a des teinturiers
Faut bien les faire travailler.

REVANCHE

Paroles et musique de Boby Lapointe

Le lundi je mendie
Le mardi je mendie
Et l'mercredi, et le jeudi
Le vendredi, le samedi...
Mais quand c'est qu'c'est dimanche
J'paye un croissant au chien
Le chien lui il s'en fout...
Ça ou du pain...
Mais le bourgeois qui passe
Sur le trottoir d'en face
Ça le fout en pétard
C'est rigolard
Et j'en jouis
Toute la nuit
Jusqu'au lundi !

Et l'lundi je mendie...   bof...

SAUCISSON DE CHEVAL N° 1

Paroles de Boby Lapointe
Musique de Michel Colombier

C'est un saucisson	de ch'val
Un saucisson que	de ch'val
Que je viens de faire	à ch'val
C'est une chanson	de saillies
- Ah ! chanson de saillies	de ch'val
Moi qui suis esthète	de ch'val
Ah je trouve ça beau	de ch'val
Génial, admirable	de lapin

Refrain : Huuuuuuuu... c'est le refrain

Moi qui viens de Grèce	de ch'val
Je m'appelle Oreste	de ch'val
Tapaboufélos	de ch'val
J'débarqu' à Paris	de veau
Oh ! Oh ! quel régal oh !	de ch'val
De prend' le métro	de ch'val
Quand on n'connais pas	de ch'val
Oh ! c'qu'on s'amuse oh !	de bœuf

Et refrain : Huuuuuuuu... Le refrain c'est toujours

Huuuuuuuu

Mes enfants ma foi	de ch'val
Sont d'vilains grognons	de ch'val
Quand ils pleurent en chœur	de ch'val
J'essaie d'les distraire	les vaches
Je viens à bout d'un	boudin de ch'val
Mais les aut's s'aussi sont	de ch'val
Toujours dans l'besoin	de ch'val
Ça n'peut pas et' pis	de chèvre

Béééééé... non... Huuuuuuuuu

Quel est cet aztèque	de ch'val
Qu'on vient de voir filer	de ch'val
Du haut de la côte	de ch'val
Dans le précipice	en moto
Peut et' bien est-ce Thomas	de ch'val
Qui vient de me ventre	de ch'val
Un complet à "garo"	de ch'val
Et un gilet pied	de poule

Huuuuuuuu... Huuuuuuuu...

Je désirais m'achoir	de ch'val
Et tu m'amenas au	de ch'val
Canapé en rotin	de ch'val
Et mon cœur vous fumiez	mes cigares
N'étais pas l'affreux niais	de ch'val
Qui fourbu s'affaisse	de ch'val
Ça fait rire les groupes	de ch'val

Ah ! comme l'écurie est gaie
Ah ! l'beau saucisson de ch'val
Ah ! chanson de saillies de ch'val
Ah ! je trouve ça beau de ch'val
Car je suis esthète...
Esthète de quoi...
Esthète de cheval !
Huuuuuuuuuuuu !

SAUCISSON DE CHEVAL N° 2

Paroles de Boby Lapointe
Musique de Michel Colombier

(Parlé)

Et c'est reparti	
Encore du saucisson...	de cheval
Que je vous dédie,	
Belle Dame aux yeux...	de biche
Et à la bouche purpurine	de cheval

Sur le coup d'cinq heures	de ch'val
Je vous invite ma chère	de ch'val
A Massy-Palaiseau	de ch'val
C'est là que j'habite	en banlieue
Vous goûterez mon flan	de ch'val
Et j'vous f'rai mon thé	à ch'val
Nous serons en groupe	de ch'val
Deux copains, copines	très sympa

Si si venez, j'vous ferai des gâteries

J'ai acheté des œufs hier	de ch'val
Mais il faudra les trier	de ch'val
Parce que je pense	de ch'val
Qu'a n'a sont pas frais	qu'a n'a sont pas frais

Je n'ai pas de sel	de ch'val
Et j'les fais pas cuire	de ch'val
J'les bats pour fair' ma neige	de ch'val
Mon petit entremets	doigts de pied
Et pendant que je cuisinerai	
Vous me ferez quelques bricoles...	de ch'val
Faudra que vous m'colliez	d'ch'val
Du mastic aux angles	d'ch'val
Des angles des carreaux	d'ch'val
Pour être à l'abri	d'ch'val
La bis' moi j'la crains	d'ch'val
Quoi ! ça vous épate	d'ch'val
J'vous jure que je n'aime pas le froid	
Que je sois damné	
Si je mens	Huuuuuuuuuuuuuuuu

Cette fill' déjà là-bas	de ch'val
Réclame du tord boyaux	de ch'val
Et pour qu'on la serve-elle	de ch'val
Va nous faire un trip	tease
Mets-toi donc toute nue	de ch'val
Mais sois pas ridicule,ote	de ch'val
Ton slip	
Oh ! tu m'bottes	de ch'val
On va fair' la bombe	Hou !
N'importe quoi ! Hein !	
Dans notre petite home	de ch'val
J'ai vu, c'est infâme	de ch'val
Ma bell' mère de Grasse	près de Nice
Et vôt'père de Houilles	en banlieue

Oh ! la ! la ! c'est moche
Arrête, arrête de ch'val
C'est trop moche arrête de ch'val
Arrête d'hippocampe...
Et c'est ainsi que le cheval...
Devint le manager du champion de tennis...
Car il poussait un grand "tennisman"...
C'est drôle... très amusant...

SENTIMENTAL BOURREAU

Paroles et musique de Boby Lapointe

Il était une fois
Un beau petit bourreau
Pas plus grand que trois noix
Et pas beaucoup plus gros
Des hautes et basses œuvres
Etait exécuteur
Et pour les basses œuvres
Etait à la hauteur
N'avait jamais de trêve
Et jamais de repos
Et en place de Grève
Il faisait son boulot

Refrain :
Pourtant couper des têtes,
Disait-il, ça m'embête
C'est un truc idiot
Ça salit mon billot
Pour nourrir ma vieille mère
Je saigne Paul ou Pierre
D'un geste un peu brutal
Mais sans penser à mal
Sentimental bourreau
Aïe, aïe, aïe... aïe, aïe, aïe...

Un soir de sa fenêtre
La femme du fossoyeur

Héla l'homme de têtes
Et lui ouvrit son cœur
Depuis longtemps sevrée
De transports amoureux
A vous veux me livrer
O bourreau vigoureux !
Je vous lance une corde
Du haut de mon balcon
Grimpez-y c'est un ordre
Allons exécution !

A partager sa couche
La belle l'invita
En quelques coups de hache
Il la lui débita
L'époux aux bruits du bris
Survint un peu inquiet
Il partagea l'mari
Pour garder sa moitié
Comme la dame inquiète
Suggérait : "Taillons-nous"
Il lui coupa la tête
Et se trancha le cou
Envoi
Prince prenez grand soin
De la doulce Isabeau
Qu'elle n'ait oncques besoin
D'un petit bourreau beau.

TA KATIE T'A QUITTÉ

Paroles et musique de Boby Lapointe

Ce soir au bar
De la gare
Igor hagard est noir
Il n'arrêt' guèr' de boir'
Car sa Katia, sa jolie Katia vient de le quitter
Sa Katie l'a quitté
Il a fait chou blanc
Ce grand duc avec ses trucs, ses astuces, ses ruses de Russe blanc
"Ma tactique était toc" dit Igor qui s'endort, ivre mort au comptoir
Du bar.
Un Russe blanc qu'est noir
Quel bizarre hasard se marr'nt
Les fêtards paillards du bar.
Car encore Igor y dort
Mais près d'son oreille
Merveille un réveil vermeil
Lui prodigue des conseils
Pendant son sommeil :

Tic tac tic tac
Ta Katie t'a quitté
Tic tac tic tac
Ta Katie t'a quitté

Tic tac tic tac
T'es cocu, qu'attends-tu ?
Cuite-toi, t'es cocu
T'as qu'à, t'as qu'à t'cuiter
Et quitter ton quartier
Ta Katie t'a quitté
Ta tactique était toc
Ta tactique était toc
Ta Katie t'a quitté.
Ote ta toque et troque
Ton tricot tout crotté
Et ta croûte au couteau
Qu'on t'a tant attaqué
Contre un tacot coté
Quatre écus tout compté
Et quitte ton quartier
Ta Katie t'a quitté
Ta Katie t'a quitté.
Tout à côté, des catins décaties taquinaient un coker coquin,
Et d'étiques coquettes, tout en tricotant, caquettaient et
Discutaient et critiquaient
Un comte toqué, qui comptait en tiquant, tout un tas de tickets
De quai
Quand tout à coup... Tic tac tic... Brrrrrrr...

"Oh mâtin quel réveil

Mâtin quel réveil-matin"
S'écrie le Russe blanc de peur
"Pour une sonnerie
C'est une belle sonnerie !..."

ETRANGES PROPOS D'UN RÉVEIL CHROMÉ

Paroles de Boby Lapointe

(Que crut entendre, dans un bar,
Un Russe blanc
Et noir,
Et qui dormait)

Ta KaTie T'a KiTté
Ta KaTie T'a KiTté
T'es KoKu K'aTtends-Tu
KuiTe-Toi T'es KoKu
Ta KaTie T'a KiTté
KuiTe-Toi K'aTtends-Tu
KuiTe-Toi T'es KoKu
Ta TaKTiKe éTaiT ToK
OTe Ta ToKe et TroKe
Ton TriKot Tout KroTté
Ton KilT Ki T'a KouTé

ET Ta KrouTe au KouTeau

K'on T'a TanT aTtaKé
KonTre un TaKot KoTé
KaTre éKus Tout KompTé

(TouT à KoTé des KaTins déKaTies TaKinnaient un KoKin et d'éTiKes KoKeTtes TriKotaient, disKuTaienT et KriTiKaienT un KomTe ToKé Ki KompTait en TiKant TouT un Tas de TiKets Kand TouT à Koup Drrrrrrrrrrrrrrrring !)

'O mâtin ! Quel réveil ! se dit le Russe blanc
De peur

Pour une çonnerie
C'est une çonnerie !

Version originale de Ta Katie t'a quitté, 1951

T'AS PAS,
T'AS PAS TOUT DIT

Paroles et musique de Boby Lapointe

Di da di dou dan ding dang dang
Di da di dou dan ding dang dang

Refrain :
T'as pas, t'as pas, t'as pas tout dit
T'as pas tout dit à ta doudou
T'as des doutes et t'y dis pas tout
Et qui c'est qui l'a dans l'dos
Toi
T'as pas, t'as pas, t'as pas tout dit
T'as pas tout dit à ta doudou
T'as des doutes et t'y dis pas tout
Et c'est toi qui l'a dans l'dos,
Han !

T'y as dit : "Je bouff' rien que du caviar
C'est des petits œufs, j'les mange à la coque
Je les fous en l'air quand ils sont trop noirs
Et j'en achète d'aut'"
Ben !
Si t'avais été moins vantard
T'aurais dit : "Je bouff' que des pommes de terre
Et le soir s'il fait du vent tard
Je prends un bol d'air"
Han !

Refrain :

T'y as dit : "Mon papa l'est riche
Il a des dents d'or, il met des cravates
Ma maman met des plum' d'autriche
Et s'épil' les patt'"
Ben !
Si t'avais été plus modeste
T'aurais dit qu'ta mère elle est modiste
Et que ton papa l'empeste
Parce qu'il est lampiste
Han !

Refrain :

T'y as dit : "J'ai une maison
Tapissée partout, mêm' dans les toilettes
Avec la télévision
Montée sur roulettes"
Ben !
Si t'avais été plus honnête
Sans dire, des sornett' sur ta maisonnette
Elle aurait sonné ta sonnette
Pour t'offrir son aide
Han !

Refrain :

Di da di dou dan ding dang dang
Di da di dou dan ding dang dang.

TCHITA LA CRÉOLE

Paroles de Boby Lapointe
Musique de Boby Lapointe et Gaby Verlor

Elle a des yeux. Ah ! les beaux yeux
Si noirs qu'ils en sont lumineux
Elle a des yeux. Ah ! les beaux yeux
Coquins coquins et merveilleux
Elle a des yeux. Ah ! les beaux yeux
Immens' et pourtant malicieux
A faire damner tous les saints du Bon Dieu
Ses yeux

C'est Tchita la créole
Ell' m'obsède ell' m'affole
Elle me fait du charme
Ell' m'affole elle m'alarme
Pourtant quand j'la rencontre
J'dois paraîtr', j'en ai honte
Pas assez énervé
Ell' m'offre du café
Tchita ci Tchita là Tchita Tchita Tchita boum (bis)

Elle a des pieds. Ah ! les beaux pieds
A fair' rêver un savetier
Elle a des pieds. Ah ! les beaux pieds
A fair' rêver un financier
Elle a des pieds. Ah ! les pieds beaux

A fair' rêver le monde entier
Sûr qu'z'ont bien chacun cinq ou six jolis doigts
De pied

C'est Tchita...

Elle a aussi une caf'tière
Mais alors là quelle caf'tière
Oh ! par exemple quelle caf'tière
Pour un' caf'tière c'est un' caf'tière
C'est une énorme cafetière
Qui la cache tout entière
Et on ne voit pas comment qu'elle est derrière
Tchita

Le p'tit qui a fait l'affiche
Pour sûr, lui, il s'en fiche
Té ! on lui a dit : fais
Une affich' pour l'café
Peins une gross' caf'tière
Et tout petit derrière
Un' pin-up qui la tient
... Et le petit l'a peint

Tchita ci, Tchita là Tchita Tchita Tchitaboum (bis)

TOTO LE TIGRE

Inédit de Boby Lapointe et de J. Roué
Musique de Boby Lapointe

Refrain
Olé Conchita,
Vas-y n'aie pas peur
Mets-y un tigre
Dans ton moteur.

Toto, le tigre, aimait, Conchita, la danseuse,
Toto, le tigre, aimait, Conchita, malheureuse,
Toto, le tigre, aimait, Conchita, amoureuse
Du beau dompteur Zorro à la langue menteuse.

Refrain

Le beau Zorro disait : "Conchita que t'es bête"
Le beau Zorro disait : "L'amour n'est qu'une fête
Ne durant qu'une nuit qu'à l'aurore on arrête."
Le beau Zorro disait : "Vraiment tu perds la tête !"

Refrain

Le tigre entendait tout et songeait in peto :
"Attends ! Chacun son tour ! Attends mon beau Zorro
Attends, attends, attends, le dernier numéro
Quand tu mettras la tête dans la gueule à Toto !"

Refrain

Sur la piste, Zorro, le cœur toujours en quête,
Pendant qu'il travaillait, d'une nouvelle conquête,
Se pencha, jusqu'au cou, dans la gueule de la bête
Qui d'un grand coup de crocs, lui fit perdre la tête.

Refrain

Toto, le tigre, adore Conchita, la danseuse,
Qui n'aime plus Zorro, à la langue menteuse,
Toto, le tigre, attend qu'elle soit amoureuse
D'un autre beau dompteur à tête savoureuse...

VERS LE BAS DES VALLÉES

Inédit de Boby Lapointe

Vers le bas des vallées dévalaient des valets délavés,
Veules et velus,
Les jolis Jules lugeaient gelés,
En légers gilets rayés,
Et riaient érayé, et raillaient rouillé.
Enroué, en roue rouet,
Un roux laid enroulait l'ourlet alourdi d'un long loden.
Ledit loden, dédain de DELON,
Donc :
Don d'ALAIN à l'un des daims
(ledit dandy l'aidant dix lundis dans l'an,
dit DYLAN,
A doter d'élans d'élans des ladies au dos lent,
Do-de-linant dans de dolents landaus.)
Des longs lodens, l'on dit dans l'Aisne :
L'aune de laine donne la haine de l'haleine de laine,
Et...
Celle de l'aisselle de celles qui dans icelles
scellent, des selles qui scellent des sels.
Ah... celles-là :
Seules, saoules, sales,
Elles salent sous les saules les soles sans cil,
Et s'y laissent l'os iliaque.

Il n'y a que de la croire pour le voir.
De ces phrases en poulets
J'en vins aux miens :

Tous les poulets que tu voulais m'acheter tachetés,
Et que tu ne me dénies pas peints,
J'en eu des vapeurs de génie,
Et j'imaginai ma machine à chiner mes nichées

Et ça m'a bien fatigué.

DISCOGRAPHIE POLYGRAM DISTRIBUTION

"Boby Lapointe" Intégrale, version studio:
Coffret 2 CD - Réf. 832.654 - 2

"Boby Lapointe" en public
Coffret 2 CD - Réf. 523.359 - 2
Coffret 2 cassettes - Réf. 523.359 - 4

Existe également, édité par
POLYGRAM VIDEO,
la vidéo cassette
BOBY LAPOINTE
Réf. 633 224-3

INÉDITS

Bouderie
Chambre meublée
Charade
Chatterie
Dans mon pays
Etranges propos d'un réveil chromé
Grimace ratatinée en rime à grasse matinée
Gris
Jockey, c'est pas mauvais
La rime a ri
La youpi ! ... allez
Le maître
Le quincaillier
Le tripier
Oui Dany
Pense-bête
Petit commerce
Toto le tigre
Vers le bas des vallées

TABLE DES MATIERES

CET OUVRAGE
A ÉTÉ ACHEVÉ D'IMPRIMER
EN SEPTEMBRE 1994
À PÉZENAS
CHEZ DOMENS IMPRIMEUR-ÉDITEUR
N° ÉDITEUR 2-910457
ISBN 2-910457-01-X

DÉPOT LÉGAL : SEPTEMBRE 1994